轻松学点兵学

曹金洪／编著

北京工业大学出版社

图书在版编目（CIP）数据

轻松学点兵学 / 曹金洪编著．—北京：北京工业大学出版社，2017.6

ISBN 978-7-5639-5183-3

Ⅰ．①轻…　Ⅱ．①曹…　Ⅲ．①兵法—中国—古代—通俗读物　Ⅳ．①E892.2-49

中国版本图书馆 CIP 数据核字（2017）第 012915 号

轻松学点兵学

编　　著：曹金洪
责任编辑：王　喆
封面设计：宋双成
出版发行：北京工业大学出版社
（北京市朝阳区平乐园 100 号　邮编：100124）
010-67391722（传真）　bgdcbs@sina.com
出 版 人：郝　勇
经销单位：全国各地新华书店
承印单位：三河市新新艺印刷有限公司
开　　本：640 毫米 ×920 毫米　1/16
印　　张：14
字　　数：130 千字
版　　次：2017 年 6 月第 1 版
印　　次：2019 年 6 月第 2 次印刷
标准书号：ISBN 978-7-5639-5183-3
定　　价：43.80 元

Preface 前言

中华文化博大精深。国学是我国文化的精神与命脉所在，也是中华文化传承数千年的重要载体，蕴藏着中国五千年历史中的智慧精髓。国学经典不仅是中国悠久传统文化的明证，也是每一个国人的立身处世之本，更是我们不可或缺的精神力量。在当今这个全球化的时代，不仅需要西方的律法精神，也需要东方的德教智慧。兵学，贯及中华民族几千年文明史。有人把中华文化概括为“兵、医、农、艺”，“兵”列榜首，这足以说明中国是一个兵学思想发源较早而又著述颇丰的国度。我国的兵学典籍，不只卷帙浩繁，内容博大，而且“著述罕闻，古今卓伦”，包含的文化底蕴也相当深厚。

尽管现代的中国已是一片繁荣和平之象，没有战争，但是社会的竞争日益激烈，商战中的“纵横捭阖、百家争鸣”现象也随处可见；工作中的办事技巧与人际交往问题也充满在我们的生活之中。而将中国传统的兵学用在于此，不失为一种高明之举。

但是，面对那些卷帙浩繁的兵学经典，读之必定晦涩难懂、不堪重负。为此，这本《轻松学点兵学》的面世就显得尤为重要了。本书包含了五个章节，分别为人物篇、战争篇、著作篇、制度篇、兵器篇，内容全面丰富，语言通俗易懂，生动有趣，是一本可读性强的兵学书。本书本着尊重历史的前提，提炼出兵学中的精髓部分，以飨读者。

由于时间仓促，加之经验不足，本书在编校过程中难免疏漏，欢迎广大读者提出宝贵意见和建议。

Content 目录

第一章 人物篇——江山代有才人出

第二章 战争篇——一石激起千层浪

第三章 著作篇——流落旷野的宝石

第四章 制度篇——无规矩不成方圆

第五章 兵器篇——工欲善必利其器

第一章　人物篇

——江山代有才人出

每个朝代都有杰出的人物出现，他们或具备翻云覆雨的能力，或能够力挽于狂澜，在风云莫测的战场上犹如蛟龙般势不可当，对战场的局势产生了不可估量的影响。这些为沙场而生的将领们，如潮汐一般，随着时代的引力高高涌起又缓缓落下。

始祖孙武

孙武（约公元前545年—约公元前470年），字长卿，后人又尊称其为孙子、孙武子、兵圣、百世兵家之师等，春秋末期齐国乐安（今山东惠民）人。孙武的生卒年不详，据后世专家考证，孙武约生于公元前545年，大概与孔子、伍子胥同时代，主要活动于公元前6世纪末到公元前5世纪初。

据史书记载，孙武的祖上是春秋时期陈国的公子陈完。公元前672年，陈国发生内乱，陈完逃往齐国。孙武的祖父陈书是齐国大夫。陈书因为参加齐国对莒国（今山东莒县）的讨伐，获有战功，齐景公“赐姓孙氏，食采于乐安”（今山东淄博北广饶县一带）。受家庭的影响，孙武从小就喜欢兵法，盼望能有用武之地。

公元前532年，齐国发生了“四姓之乱”，四姓即齐国的田、鲍、栾、高四个大家族。为了避乱，孙武随家人移居吴国，后定居在吴国都城姑苏（今苏州）的郊区。

到吴国之初，孙武先在吴都郊外隐居著书，等待时机，后与伍子胥交往密切。这期间，孙武主要潜心研究兵法，探讨和总结前人的战争经验和军事思想。他从伍子胥等人那里了解现实中的不少天下大事和战争实例，最终完成了《孙子兵法》这部著作。

公元前515年，伍子胥给当时的吴公子光献计，发动宫廷政变，派勇士专诸刺杀了吴王僚，公子光自立为王，称吴王阖闾。公元前512年，吴国与楚国之间的矛盾加剧，战争一触即发。吴王阖闾遍求人才，想成就霸业。趁此机会，伍子胥便将孙武推荐给了吴王。孙武将写成的《孙子兵法》十三篇献给吴王，吴王看后赞叹不已，要孙武实际演练一下看看效果，接着便有了传说中孙武训练宫女列阵教战的故事，后吴王阖闾便任命孙武为将军。

孙武为吴王阖闾的争霸事业做出了很大的贡献。公元前512年，孙武随吴王和伍子胥征讨楚的属国钟吾国（今江苏宿迁东北）、舒国（今安徽庐江县西），连战连胜。公元前511年，孙武指挥吴军攻克了楚国的舒城。公元前510年，孙武率吴军伐楚，连克六（今安徽六安）、潜（今安徽潜山）两城。

公元前506年，吴楚两国爆发大战，伍子胥、孙武率领吴军的一部在楚国正面施行钳制行动，军队的主力则千里迂回，经唐、蔡两国从侧面进军，直插汉水，深入楚国的内地，夹汉水与楚军对阵，最后吴国占领了楚国的都城郢都（今湖北江陵纪南城）。历史学家们认为这次吴楚之战，是春秋时期规模最大的一次战争，乃“东周第一大战”，是一次以少胜多的著名战役。

后来，吴王阖闾之子夫差不再信任和重用伍子胥，最后将伍子胥迫害致死。孙武见状以探亲为名，隐遁山林，尽天年而终。

奇才吴起

吴起（公元前440年—公元前381年），战国初期军事家、政治家、改革家。吴起家境富裕，受过良好的教育而且胸怀大志。战国初期是战乱滋生的年代，吴起所在的卫国势力孱弱，面临被其他强国划分殆尽的危险。为了实现自己干大事的理想，他四处奔走，最后耗尽了家产却没有任何实质性的作为。回到家乡的吴起遭到了邻里的嘲笑，为了学习更多的治国韬略，他离开卫国去了鲁国。

鲁国学习之风很盛，到了鲁国，吴起拜孔子名徒曾参为师，开始苦心研究治国之道。在学习期间，吴起的母亲突然病逝，这让他十分难过。不过，吴起心中虽然装着母亲，更装着整个天下，所以，在悲痛过后不久，吴起就又拿起书本研究起来。吴起没有回到家中为母亲安排后事的举动，让曾参很是不满，断定吴起是薄情寡义、道德败坏之人，于是将他逐出了师门。

此时，吴起认识到，在战乱时期学习儒家学术并不实际，对他来说毫无用武之地。之后，吴起毅然改学兵法，经过了三年的苦读，吴起经人推荐被鲁国国君任命为大夫，开始为鲁国效力。

公元前412年，鲁国遭遇齐国的侵略，吴起本以为等到了一展身手的机会，没想到鲁国国君因为吴起的妻子是齐国人而心存疑虑，由此没有让吴起承担大任。吴起心急如焚，为了得到建功立业的机会不惜杀了自己的妻子以换取鲁国国君的信任。最终，在与齐国的交战中，吴起利用出其不意之法，杀得齐军大败而归，从而立下了赫赫战功。虽然鲁国国君在吴起的帮助下获得了战争的胜利，却因为群臣对吴起性格的非议最终罢免了他的官职。

吴起对鲁国国君十分失望，便转投魏国魏文侯名下。魏文侯很赏识吴起的才华，委以重任。之后吴起奉命带领魏国的军队讨伐秦国，军事才能得到充分发挥，屡战屡胜，最终使魏国成为当时七国中最为强盛的国家。

魏文侯死后魏武侯即位。魏武侯的党羽对吴起这位前朝大将百般排挤，最终逼得吴起离开魏国投靠了楚国。

楚悼王十分欢迎吴起的到来，将他任命为相国，希望他能帮助自己治理好国家，完成大业。得到重用的吴起发挥了优秀的治国本领，为楚国培养了一大批精兵良将，并且带领将士们北吞陈、蔡两国，南平百越，西征秦国，使得楚国跻身为强国之列，受到众诸侯国的敬畏。

吴起在楚国的改革侵害了贵族的利益，楚悼王死后吴起失势，遭到这些王公贵族的联合围剿。公元前 381 年，吴起在叛乱中被射杀。后来楚国太子即位，清剿了所有谋害吴起的人和他们的家眷。

传奇孙膑

孙膑，生卒年不详，山东鄄城人，孙武的后代，战国初期卓越的军事家、兵家代表人物，他的军事著作《孙膑兵法》对后世产生了很大的影响。

据记载，《孙膑兵法》共有 89 卷，另有作战图 4 卷，向世人展示了很多绝妙的战略战术思想，对后世的战争活动起到了重要的借鉴作用，堪称中国古代兵学的瑰宝。孙膑非常重视人们对于经验规律的认识和运用，在《孙膑兵法》中强调了“道”的重要性，建议人们灵活地对待战争局势，根据当下的情况做出理智的分析判断，摆脱被动的局面。

孙膑出生在军事世家，从小耳濡目染了各种战争故事，而且天生对带兵打仗的事情很感兴趣，极具军事天赋。

战国初期，战火烧遍大地，孙膑所在的国家也没有逃过战争。在一次逃难中，孙膑和亲人走散，无依无靠的他最终进入了鬼谷山，成为鬼谷子的学生。

鬼谷子是当时有名的军事奇才，庞涓是他的另一名学生。与孙膑不同，庞涓个性狡诈、虚伪，学习兵法也不过是为了荣华富贵。虽然鬼谷子希望他能够通过学习提升品格，但事实证明这只是徒劳。

一次，庞涓出门后偶然听说魏王正在重金求贤，就拜别了鬼谷子到魏国任职。在庞涓的帮助下，魏国屡战屡胜，使得其他诸侯国不得不对魏国敬畏三分。魏王十分中意庞涓的才华，并下令重赏庞涓。就这样，庞涓年纪轻轻就已经坐到了上将的位子。

孙膑并非贪图名利之人，他在鬼谷山跟随师父日夜苦读、研习兵法。鬼谷子十分喜欢这个好学的徒弟，把孙膑祖先所著的军事奇作《孙子兵法》传授给他。孙膑也没有让老师失望，每天都沉浸在书本之中，很快便大有长进。除了学习书中的治国和军事韬略，孙膑还细心研究各诸侯国的情况，研究各国的用兵之法，了解当时的天下形势。

这样过了几年，鬼谷子的朋友向魏王推荐孙膑，于是魏王很高兴地邀请孙膑来朝议事，并将他敬若上宾。这时候庞涓也在为魏王效力，他看到魏王如此厚待孙膑，心生妒意。庞涓与孙膑同窗几年，很清楚自己的能力和学识赶不上孙膑，于是十分担心会被孙膑排挤离开魏国，从而失去手中的权力和财富。

为了铲除孙膑这个心腹之患，庞涓心生毒计。他私下找人假扮孙膑亲戚的属下与孙膑接触，不久一封模仿孙膑字体、写有叛逆之言的信被呈到了魏王的面前，信中称孙膑身在魏国心在齐。魏王读完这封假信之后勃然大怒，当即命人杀了孙膑。此时庞涓又假意为孙膑求情，最后孙膑在完全不知情的情况下受到了膑刑。

孙膑怎么也没想到，曾经交好的同窗竟然背叛，还害得他差点送命。不久之后孙膑得知了真相，恰逢齐王听说了孙膑的遭遇，于是派人将孙膑秘密地迎回了齐国。

公元前 342 年，魏国与韩国交战，齐王在接到了韩国的求救信之后派孙膑辅佐田忌赶往战场。交战中，孙膑用计骗过了庞涓，将魏军诱入马陵道，之后命事先埋伏好的士兵围剿了敌人，而作为三军统帅的庞涓则拔剑自刎。

帮助韩国打败魏军之后，孙膑隐居田园，远离政治斗争安心写书。

良将廉颇

廉颇，生卒年不详，山西太原（一说山西运城、山东德州）人，战国末期赵国名将杰出军事家。

廉颇作为一名以武功著称的大将，一生戎马数十载，几乎从未战败，对赵国忠心耿耿，立下了赫赫战功。司马光曾这样评价他："廉颇一身用与不用，实为赵国存亡所系。"

公元前283年，秦王听闻赵王得到了和氏璧，便派人前往赵国游说，称秦国愿意用自己的城池交换和氏璧。当时秦国实力雄厚，赵王知道，虽然秦王表现出一副诚恳的样子，实际上是在威胁赵国。这时候，蔺相如出面为赵王定下计策，并亲自带着和氏璧出使秦国，最后没费一兵一卒又将和氏璧完整地带回了赵国，史称"完璧归赵"。

后来，秦王不停攻打赵国，战争耗损了赵国大量的人力和财力。为了解决两国之间长期的矛盾，秦王邀请赵王赴渑池会盟和谈，但是赵王因害怕这又是秦王的计谋而不敢前往。廉颇深知国君的忧虑，就对赵王说："这次出行如果三十天回不来就立太子为王，以断绝秦国用人质要挟赵国的念头。"没有了后顾之忧，赵王决定前往渑池参加和谈，最后成功归国。

虽然廉颇为赵国立了大功，但赵王认为蔺相如的功绩更大，就将蔺相如拜为上卿。廉颇认为赵王的奖赏并不合理，对蔺相如心生妒意，处处针对蔺相如。但是蔺相如对廉颇采取了忍让的态度，对他的过激行为也一概不予追究。后来廉颇发现了自己的浅薄，便身披荆条到蔺相如的家中请罪，这就是历史上著名的"负荆请罪"。

这之后，廉颇与蔺相如和好，两人团结一心为赵王出力，使得赵国在那段时间里国力十分昌盛。强大的赵国成为秦国扩张的障碍，秦国在此后 10 年间从未攻打赵国。

公元前 279 年和公元前 276 年，廉颇先后两次带兵讨伐齐国，共攻陷了齐国 9 座城池。

公元前 275 年，赵王决定攻打魏国，廉颇统兵攻占了魏国的两座城池。

公元前 260 年，秦国和赵国同时攻打韩国的上党地区，由于上党地区的太守将城池献给了赵国，战争随即演变成了秦国与赵国之间的博弈。在这次对战中，廉颇采取了稳扎稳打的策略，消耗了秦国的兵力和锐气。秦国久战不胜，便对赵王用了反间计，让赵王相信，秦国最担心、最害怕的是用赵括代替廉颇。赵王中计，不听任何人的规劝，强行提拔赵括并替换了廉颇的主将之位。谁知赵括是个只会纸上谈兵的人，他的用人和战争策略并不实用，最终导致了赵国长平之战的惨败。

战败后的赵王割地求和，秦国接受。但后来赵王又不履行合约并且准备重整旗鼓再战一场，于是秦王集结了大量兵力攻打邯郸，准备灭掉赵国。这次，赵王吸取了长平之战的教训，以廉颇为大将誓死保卫邯郸。

秦王想要急攻邯郸城速战速决，没想到赵国军士在廉颇的带领下顽强抵抗，即使秦国军队不分昼夜地攻打，也没有击退赵军，反而遭到了重创。战局僵持不下，秦王最终决定对赵国发动总攻。虽然由于长期的围困，邯郸城内出现了缺水断粮的情况，但是赵国军民却士气不减，坚持抵抗。危急关头，在平原君的外交努力下，魏楚两国联合救赵，终于打败了秦军收复了失地。

自从与秦国交战之后，赵国国力已经大不如前，大部分青壮年战死，国内基本上是些孤儿和寡妇。其他实力稍强的国家看到了这点，都想趁机从赵国获取利益，其中就包括燕国。

燕王听丞相报告说赵国国力衰弱，已经无兵可派，如果此时攻打赵国，必定大获全胜，于是想要出兵伐赵。虽然有大将指出，赵国连年征战，国民必定熟悉军事，所以此时出兵并非良机，但是燕王还是一意孤行，派出军队攻向赵国。

这次，廉颇再次担负起了保家卫国的重任，出城与将士共同抗敌。事实证明，廉颇不愧为军事方面的奇才。他经过分析，看出了燕国军队的特点和弱点，制定了一套具体的方案，将来势凶猛的燕军杀得四散奔逃、溃不成军。原本是燕王想要掠夺赵国的财富，不承想最后却被赵国拿走了几座城池。与燕对战后，廉颇成为赵国的相国，被赵王封为信平君，在之后的几年中又连破妄图侵略赵国的其他国家的军队。

公元前 245 年，赵襄王即位。赵襄王昏庸，听信奸臣郭开的谗言，解除了廉颇的职务，备受排挤的廉颇不堪受辱，投奔了魏国。失去了廉颇的赵国在战争中屡战屡败，赵王这才发现当初不应该听信他人之言排挤廉颇，随即派人再次找到廉颇，想要委以重任。但是，此时的廉颇已经年老，去探望他的使者认为廉颇的身体情况欠佳，再也打不了仗了，于是赵王偏听偏信了使臣的报告，再也没有任用廉颇。

后来楚王将廉颇接到国内任命为将，但是廉颇一心为赵，并没有为楚国立下功绩，最后抑郁而终。十几年之后，赵国被灭。

霸王项羽

项羽（公元前232年—公元前202年），是楚国下相人，中国古代史上著名的军事将领，率领秦末起义军推翻了秦朝的残暴统治。

项羽的祖父是项燕，为楚国名将。楚国被秦国灭亡后，项羽的整个家族也遭到了追杀，项羽的叔父项梁带着项羽和项羽的弟弟项庄流亡到吴县才暂时安顿下来。

项羽性子急躁，不喜欢学习，但是天生身强体壮、志向高远。叔父项梁曾先后多次请人教项羽识字读书，学习武艺和兵法，但是项羽不管学什么都是半途而废。项羽告诉项梁，他认为读书写字只是为了记住名字，武艺学得再好也不过是以一当百，他不屑于这些。项梁虽然无奈，但也遂了项羽的想法不再管他。

公元前209年，项梁带着项羽杀了当地的太守响应陈胜、吴广的起义。在混战中，项羽一人就杀死了太守的近百个卫兵，展示出非凡的武艺，由此震惊一方。

此后，项梁想要与陈胜、吴广的起义军联合杀敌，就带着手下的八千人向中原进发，途中好几支起义军队会合到了一起，人数有十万之多。

过了一段时间，起义军的首领陈胜死亡。经过商议，项梁决定听取范增的建议，立楚怀王的孙子熊心为楚王，率领众人与秦军作战，项梁自号武信君，多次打败了秦将章邯的军队。

公元前 208 年，项梁在与秦军的交战中战死，起义军也被击败。

公元前 207 年，秦军击败赵国包围了巨鹿，楚怀王随即派出两支军队，一支解巨鹿之围，由宋义为主帅，项羽为副将；一支进军关中，由刘邦率领。楚怀王对两支军队的主帅立下承诺，不管是谁取下了关中，都会立他为关中王。

虽然项羽作为宋义的副将被派去巨鹿，但是他并不安于现状，心中早有了自己的打算。宋义率领军队出兵之后不久，项羽就找机会杀了他，这样一来，楚王就不得不将他封为主帅去解巨鹿之围。

此时，在数量上，秦军远远超过项羽带领的楚国军队，因此想要解除巨鹿的危机并不容易。为了统一战斗的决心，项羽在率领楚军渡河登岸之后，命令士兵砸破炊具、凿沉船只，只留够三天的口粮，而后继续前进。

项羽率领楚军到达之前已经有不少国家的军队赶到了巨鹿，想要营救赵国，但是这些国家的将领在看到了秦国实力超群的军队后都不敢轻举妄动。项羽与这些人不同，他带领军队英勇厮杀，大破秦军，使得秦国将士死的死伤的伤。其他军队的统帅们对项羽十分钦佩，当即表示归顺项羽，一时间项羽的势力大大增加。

在项羽与秦国交战期间，刘邦攻入了秦国的都城咸阳，解除了巨鹿之围的项羽随即也赶到关中地区。双方商讨之后决定讲和，于是刘邦成为汉王，项羽自称西楚霸王。

没过多久，这种相对平衡的态势就被打破。刘邦趁着项羽在东方平定叛乱的机会，大举进兵攻打他的都城彭城。项羽决定诱敌深入，待刘邦军队入城时发动进攻。汉军毫无防备，被楚军偷袭，撤离彭城。

自此楚汉结下仇恨，发动了多次战争之后仍然僵持不下。于是项羽和刘邦决定讲和，约定以战国时魏国所修建的运河鸿沟为界划分疆土，双方均不可越雷池一步。历史上称这次事件为“鸿沟和议”。

公元前 202 年，刘邦撕毁合约突袭楚军，并将项羽围困于垓下。后来，项羽虽然冲出了包围，但是不肯过乌江，最终在乌江边自刎而死。

兵仙韩信

韩信（公元前 231 年—公元前 196 年），淮阴（今江苏淮安）人，中国古代史上著名的军事家、战略家、军事理论家，西汉开国元勋之一。

韩信的思想和韬略在中国古代起到了十分重要的作用。他的思想成为楚汉战争胜利的关键；他善于用兵，指挥了历史上著名的潍水战役和井陉战役；他著有兵法三篇，对当时和后世的军事界做出了巨大的贡献。

韩信的祖辈是贵族，但是到他这一代已经没落。韩信早年的生活十分穷苦，平日常常为吃饭发愁，但是他胸怀大志，为了实现理想愿忍耐一时。

韩信所居住的地方有个欺善怕恶的年轻人，一天，他看到韩信佩剑而行就拦住韩信的去路说："你要么砍我，要么就从我胯下钻过去。"一般人都会受不了这样的羞辱，从而拔剑与对方拼个你死我活，但是韩信并没有这样做。他什么都没说，想了想就从对方的胯下钻了过去。众人看到这样的韩信，就以为他只是个带剑的胆小鬼，纷纷耻笑他的懦弱，谁也没有想到遭受"胯下之辱"的韩信日后竟能成为一代枭雄。后来，韩信成了大事，那个曾经欺辱他的年轻人见到他时连连磕头求饶，没想到韩信并未报复，反而赏了那人做了一个小官。

韩信在各地英雄起义抗秦时投靠了项梁，项梁战死后又转投了项羽。但是项羽天生狂妄自大，从来不听韩信的建议。韩信认为自大的项羽终究成不了大事，所以在汉军入蜀的时候投奔了刘邦。

同项羽一样，汉王刘邦虽然收留了韩信，但并不重用，韩信失望之余找了个机会离开了。刘邦重臣萧何刚一听说韩信离开的消息，就即刻追了出去，之后向刘邦进言，如果想要成就千秋霸业，就必须重用韩信。经过这次事件，刘邦才真正重视起这个怀才不遇的贤能之人。他向韩信讨教了夺取天下的方法，之后依照韩信的计策很快占领了关中地区。

在楚汉战争中，韩信积极献言献策为刘邦出了很多好主意。公元前 205 年，汉军在与楚军的交战中败下阵来，多亏了韩信才阻挡住了项羽的猛攻。后来在攻打魏国、赵国和燕国的时候，韩信又凭借出色的军事才能帮助刘邦平定了河东郡，收服了赵国和燕国，之后又率军平定齐国。

公元前 203 年，韩信率领精兵消灭了项羽的几十万大军，逼得项羽撤退到垓下，项羽突围到乌江，自觉无颜见江东父老，不愿渡江，便自刎身亡。公元前 201 年，刘邦将已经成为楚王但是涉嫌谋反的韩信带回了洛阳。

公元前 196 年，韩信以串通朝中大臣密谋袭击吕后和太子之罪被仇人告发，最后被吕后和萧何设计杀死于长乐宫中，享年 35 岁。

飞将李广

李广（？—公元前 119 年），陇西成纪（今甘肃天水秦安县）人，西汉著名军事将领。

李广出生于军事世家，祖先是秦朝将军李信。

公元前 166 年，李广从军加入了抗击匈奴的队伍。由于他从小习得了祖传的箭法，射箭技艺超群，因而在战争中功勋卓著，被提升为中郎。之后，李广多次跟随汉文帝射杀猛兽，汉文帝对他的武艺十分赞赏，多次出言夸奖。

此后，李广的事业一帆风顺。汉景帝即位后任命他为陇西都尉，后又提拔为骑郎将。过了不久，吴楚叛军作乱，李广跟随太尉周亚夫领兵平定了叛乱，第一个夺取了叛军的帅旗，从此扬名。平息叛乱后，李广官至上郡太守，之后又经常转战各地。

汉景帝时期，匈奴入侵上郡地区，李广在追击匈奴的时候遭遇对方数千骑兵的围堵。这时李广身边只有一百名汉军骑兵，硬拼根本不是匈奴的对手。正当所有人都害怕得想要逃走的时候，李广心生一计，他命令所有骑兵在距离匈奴不到二里的地方下马解鞍席地而卧，这让匈奴兵感到十分疑惑，始终不敢出兵攻击。半夜时分，匈奴以为附近有汉军的埋伏，想乘夜袭击他们，便引兵而去。

公元前 129 年，李广带领军队出雁门（今山西右玉南）抗击匈奴，虽然作战英勇，但终因寡不敌众被敌军俘获。之后，他趁着匈奴军不注意逃了出来，并回到了京师。李广战败而归让朝廷蒙受了很大损失，而且还被敌人活捉过，按照律例理应被处以死刑。为了保住性命，李广花钱赎命，成为平民，才逃过一劫。

没过多久，李广听从汉武帝的旨意回到朝中任右北平太守，再次站在了抗击匈奴、保家卫国的第一线。李广作战英勇，多次击退敌人，使得匈奴十分畏惧，在很长时间内都不敢再进犯右北平。

公元前 123 年，李广跟随大将军卫青出军定襄与匈奴作战。

公元前 119 年，卫青与霍去病再次被派往漠北打击匈奴，李广多次请求出征，但武帝因为李广年事已高。拒绝了他参战的请求。后经不起李广的一再请求，汉武帝同意他出任前将军。

之后，六十多岁的李广跟随卫青征讨单于。卫青与李广分兵两路出击，没想到单于在卫青发动突袭之前先行逃跑，李广等人则在前进途中迷路。部队合流之后，李广十分悲痛，他认为自己已经年迈糊涂，再也不能为国家效力，之后拔刀自尽。

李广戎马一生，在边关为国家和人民抗击匈奴的侵略。李广品格高洁、爱惜兵卒，同时智慧过人、骁勇善战，因此深受士兵和人民的爱戴，匈奴唯恐避之不及。李广做官四十余载，家中却没有什么值钱的东西，也从不为自己购置家产田地。他经常把皇帝的赏赐分给自己的下属，和士兵们同吃同睡。中国历史上有不少诗人写过赞颂李广的诗歌，如王昌龄的《出塞》、卢纶的《塞下曲》、高适的《燕歌行并序》等。

骁勇卫青

卫青（？—公元前 106 年），西汉时期河东平阳（今山西临汾）人，中国历史上著名的军事将领，人称常胜将军。

卫青一生从未打过败仗，也从不趋炎附势、邀买人心，说话做事谦虚谨慎。在治理军队方面，卫青从不放松对士兵的教育，军中纪律严明。卫青本人骁勇善战，和士兵同甘苦共患难，因而深受将士爱戴。

卫青的母亲原本是平阳公主的夫家的一名女仆，丈夫姓卫，育有一男三女，其中就有后来被武帝看中的卫子夫。丈夫死后，卫青的母亲与一名县吏私通生下卫青，因为感觉生活艰辛，就将卫青放在卫青的亲生父亲家中抚养。但卫青在亲生父亲家中受尽了侮辱和虐待，之后离开了父亲，在平阳侯府中做马夫，同母亲一起生活。

后来，卫青与同母异父的姐姐卫子夫一同入宫侍奉皇帝。当时的皇后妒忌得到皇帝宠爱的卫子夫，皇后的母亲就派人抓了卫青，并想要杀掉他，后来卫青被朋友救出，皇后的阴谋破产，武帝趁机重赏提拔了卫青和他的姐姐。卫子夫被封为夫人，卫青则成为建章监、侍中，后被任命为太中大夫。

公元前 129 年，匈奴侵略上谷（今河北怀来）地区。汉武帝重用卫青，派他和李广、公孙敖、公孙贺一起出兵迎击匈奴。在这场战役中，卫青展现出了他超乎寻常的军事才能。在其他三路军队两路战败一路无功而返的情况下，卫青带领自己的部队沉重打击了匈奴军，大胜而归。战后，卫青被封为关内侯，成为武帝倚仗的重臣。

公元前 128 年，卫青带兵出雁门郡，消灭了数以千计的匈奴军。

公元前 127 年，卫青到云中成功征讨了匈奴的两个部落，收复了河套地区，不仅解除了长久以来匈奴对长安的威胁，还获得了牲畜百万头，俘虏了大量匈奴人。为了奖赏卫青的功绩，武帝加封他为长平侯。

公元前 124 年，卫青按照武帝的旨意率兵出征高阙，突袭了右贤王的住处，继而又获得了大量战利品。之后卫青官拜大将军，成为汉军的总指挥。武帝又加封了他八千七百户侯，并且封卫青的三个还在襁褓中的儿子为列侯，卫青觉得儿子年纪尚幼，毫无功德便被封侯，不能鼓励将士奋力作战，于是谢绝了武帝对自己儿子的封赏，但武帝最终还是封赏了卫青的三个儿子。

公元前 123 年，卫青两次出征攻打单于的大本营，虽然消灭了数万匈奴，但是汉军的损失也十分惨重。危急关头，卫青的外甥霍去病带领八百骑兵消灭了匈奴两千多人，并杀单于的祖父，俘获单于的叔父以及国相，立下了大功。战后，霍去病得到了武帝的封赏和提拔。

公元前 119 年，卫青和霍去病在漠北遭遇匈奴的主力部队，经过一番搏杀，重创了匈奴的势力，这次战役在历史上被称为漠北之战。

漠北之战后匈奴元气大伤，随即迁徙到了更加贫瘠的地区。这次战役解除了长期以来匈奴对中原的威胁，此后，汉武帝害怕卫青因功高盖主而产生谋逆之心，就渐渐冷落了他，因此，卫青自漠北之战之后再也没有领过兵打过仗。不过卫青并不在意这些，平静地度过了余生。

公元前 106 年，卫青去世，葬于茂陵东北侧。

智勇霍去病

霍去病（公元前 140 年—公元前 117 年），河东郡平阳县（今山西临汾）人，西汉武帝时期著名大将，杰出的军事家，是名将卫青的外甥，后由于战功赫赫而成为汉朝的大司马骠骑将军。曾多次与匈奴交战，一直将匈奴打到瀚海（今俄罗斯贝加尔湖）南岸，并在狼居胥山刻石记功。

霍去病的母亲年少时貌美出众，虽身为奴婢却不甘于命运的束缚，与平阳县小吏霍仲孺结为连理，生下了霍去病。但霍仲孺不敢承认自己与公主的女奴私通，于是霍去病只能以私生子的身份生活。霍去病自小受尽了苦难，由于生活艰辛，他经常不能填饱肚子，不过他聪明灵敏，在各类竞技中都勇夺头筹，赛马时他都是第一个到达终点，如果和小伙伴们比赛射箭，他的箭总会射得最准。

之后，霍去病的姨妈卫子夫被汉武帝选入皇宫，还被封为皇后。卫氏家族从此势力大增，可谓青云直上。霍去病由于自小学习各种技能，到十六七岁时，已然成了具有男子汉气概、性格刚毅、文武双全的少年了。汉武帝非常看中霍去病，待他稍大些，就委任他为侍中官。

汉武帝时期，匈奴常常纷扰边疆各地，打劫粮食危害百姓。霍去病的舅舅卫青，作为一代大将，曾几度奔赴边疆，守边抗战。公元前 123 年，汉武帝痛下决心，定要扫清匈奴边患。这一次，卫青又被委以重任，准备再次远走边疆。18 岁的霍去病听闻舅舅即将出征的消息，兴奋不已的同时，自己也心痒难耐，渴望随军出征。于是，少年霍去病便向汉武帝请求出战。汉武帝深深信赖这位英武的少年，就随了他的意愿，让卫青替他挑选历经沙场的八百名骁勇善战的骑兵，供他差遣。

霍去病没有辜负汉武帝的期望，在众将士的一齐奋战中，八百人突袭匈奴战营，剿灭了两千余人，并生擒了单于的叔父罗姑比和其他重要统领。消息传至长安，汉武帝龙颜大悦，感叹这位少年英雄的神勇矫健。等霍去病回归首都后，赐他“冠军侯”的封号。

公元前121年春天，汉武帝打算再度出击匈奴，将他们赶往更为遥远的北方。这次没有卫青的带领，只有霍去病一人被指派前往边防，这代表了皇帝已经信赖他了。霍去病被任命为骠骑将军，手下共有一万精兵供他调遣。路线为先抵达陇西（今甘肃临洮），再从陇西直奔匈奴大本营。霍去病指挥得当，战法谋略运用自如，不久便使匈奴军队逃离了汉庭边界。

在这次战役中，他所带领的汉军，大约清缴了九千人，俘虏了匈奴浑邪王的儿子，歼灭了折兰王、卢侯王等人。汉武帝喜不自禁，赏赐给霍去病两千户的食邑。

匈奴的势力在霍去病的清扫下，逐渐集中于左贤王一处。为了根除后患，霍去病在稍事整顿后，从北地郡出发，踏上了剿灭左贤王的路程。不久，霍去病在祁连山麓遇上左贤王之后大战一场，最终满载而归。汉武帝自然少不了又要嘉奖这位功勋卓越的爱将。经历了几次胜利的战争后，霍去病声名大噪，受到了满朝百官的尊敬，与当年的卫青如出一辙。

然而，匈奴的残余势力仍旧不断地侵扰着边疆地域，此时的汉朝在汉武帝的治理下，越发强盛昌隆起来，兵马的规模自比以往扩大了许多。公元前119年，卫青和霍去病二人共同接受了汉武帝的任命，各自领兵五万，分别从东西两路朝匈奴所在地行军。卫青先从定塞出发，行军一千多里时，与匈奴伊稚斜单于的主要势力相遇，在激烈的战役后，卫青首战告捷。为了剿灭剩余势力，他率领军队紧跟不舍，直至追到真颜山赵信城才班师回京，最后缴清了一万九千余人。

霍去病的队伍从代郡出发，经历了风沙的围堵，走过了荒无人烟的茫茫沙漠，在行军二千余里地时，发现了左贤王势力的行踪，果然，左贤王等人就在附近埋伏。霍去病假装逃跑，却从背后突袭左贤王的势力，最终，歼灭七万多名匈奴兵，几乎使这部分势力全军覆没。对此，霍去病胆量大增，丝毫不畏惧沿途的危险，径直率军深入匈奴腹地，前往狼居胥山（今蒙古境内德尔山）刻石勒功，最后凯旋。

就这样，在霍去病与卫青的奋战下，匈奴被驱赶至更寒冷闭塞的西伯利亚区域，而对于汉朝来说，不仅边疆得到了保障，内陆地区也一片喜乐的氛围。汉武帝加封霍去病和卫青一样的大司马名号，并嘉奖他五千八百户食邑。

然而，霍去病的一生就像一颗划过天际的流星，虽然绚烂夺目，却短暂而可怜。公元前 117 年，霍去病因为疾病复发，年仅 24 岁的他离世而去。举国上下，哀痛不已，叹息这位少年英雄的早逝。汉武帝在茂陵旁，为霍去病修建了形似祁连山的坟墓，派人将霍去病的遗体从长安运送到墓地下葬。霍去病的墓前还矗立着一座“马踏匈奴”的石像，威武壮观，是汉武帝为表彰他不凡的一世而特制的。

霍去病在短暂的一生中屡次创造了军事奇迹，是我国名副其实的杰出军事将领。他心系国家安危，为保边疆人民的安全，多次率兵前往戈壁沙漠，驱逐剿灭匈奴，获得了全国军民的爱戴，他的卓越战绩将永存史册。

名将祖逖

祖逖（公元266年—公元321年），出生于范阳遒县（今河北涞水），自北方逃难至南方后，发动了北伐战争，是东晋著名的爱国将领。“闻鸡起舞”的典故便来源于他。

祖逖出生于太守之家，父亲祖武老来得子，一生和妻子养育了六个儿子。一家人其乐融融，彼此之间从没有发生过不愉快的事情。祖逖的哥哥祖该、祖纳等人为人大方直率，善识得大体，深受邻里街坊的喜爱。祖逖因家庭环境的影响，性格乐观开朗，自己在生活中不拘一格，但他从未觉得有什么不好。祖逖长大后，渐渐有了几分侠义风范，为人大度宽容，经常做些救济贫苦乡民的事情。邻里乡亲认定他是整个乡的贵人，是天神派来散发福音的少年。

祖逖的学习生涯从15岁开始，之前都不认字的他，逐渐读了大量的书，并且不分类别。阅读量大增的祖逖，累积了丰富的知识。他几次进洛阳，遍访各类名士，侃侃而谈，丝毫不怯场。从此，大家都认识了这位少年成才的祖逖。

公元289年，祖逖24岁，为了能谋得一职养家糊口，他开始四处寻访、毛遂自荐。但是，祖逖拒绝做滥竽充数的工作，他受到过两次来自官府的邀请，但他认为在官府当差定会无所作为，便没有去。直到碰见相互投缘的好友刘琨，二人共同决定前往司州任主簿。刘琨与祖逖关系融洽，互为知己，甚或同床共枕都无甚大碍。他二人似乎每日都有说不完的话，讨论不完的问题，直到快睡着了还在说着共同感兴趣的话。

一次，祖逖和刘琨仍旧聊得很晚，刚睡着的祖逖就听见屋外公鸡打鸣，连忙叫醒熟睡中的刘琨。刘琨虽然极不情愿，仍旧睡眼惺忪地起床，想看看祖逖在究竟搞得什么名堂。祖逖抓住刘琨的肩膀，对他说道："公鸡都已打鸣，我们还要昏睡不醒吗？趁此机会勤练武术岂不妙哉？"刘琨深受祖逖的启发，二人双双拿起剑，一招一式地操练起来。这个典故，便是后人所说的"闻鸡起舞"。

中国历史上，少数民族入侵中原的事例数不胜数，这些少数民族包括匈奴、突厥、鲜卑等，他们拥有凶猛的军队，能够用铁蹄踏进中原大地。从秦汉时期到西晋，他们从来没有停止过这种行为，虽然中原地区的封建王朝时常组织军队抵御，却没有完全根除他们的实力。到了西晋末期，少数民族纷纷在黄河流域建立多个政权，中国北方也由此走入了十六国的历史阶段。

为了躲避战乱，许多中原地区的居民开始纷纷逃离，迁移至人迹罕至的西部或南方。他们离开了熟悉的家乡，虽然心中万般不舍，却只能无奈地接受现实，由此也就形成了历史上罕见的一次人类大迁徙。

祖逖也和亲族一同融入了迁徙的大潮，他们选择了南方为目的地。长路漫漫，烈日当空，众人皆无力气再向前行进时，祖逖自愿放弃坐车的机会，将车让给体弱多病的人们。他还在大家休息时，先行骑马到前方探视，告知大家路况信息等。大家无不感服这位少年的侠肝义胆，都举荐他为同行人的“行主”，祖逖也毫不犹豫地扛起了这份责任，为亲族同伴们出谋划策，制定最好的行走方案。

祖逖率领众人最终在现如今的江苏省江北地区落脚。作为顶梁柱，此次迁移，祖逖为大家做出了不小的贡献。不久，西晋琅邪王司马睿邀请祖逖担任徐州刺史，后来，又委任他担当军谘祭酒的职位，这些机遇的来临让祖逖有了更大的信心，想要为国效忠的理想又熊熊燃烧起来。由于新任工作的关系，祖逖带领着众多迁移过来的亲族，一同落户江南京口（今江苏镇江）。

祖逖流亡南方，时刻想念着北方的家园，深刻体会到了身在异乡的感受。南方的大雁都已回到了北方，但是客居南方的人却很难回归故土。在南方，大家似乎都安家立业，日子也渐渐好转。但是，祖逖心中仍有收复中原大地的想法，于是，他积极地聚集人才将领，渴望有朝一日收复失地。

邀请祖逖入幕的司马睿，虽也有同样的想法，但他原为山东胶南王一族，几乎和祖逖一同来到江南。他认为时机未到，自己刚刚来到别人的地盘，矛盾利益问题仍然存在，带兵出征只会削弱自己的实力。然而，祖逖为司马睿分析了其中的成功要素，他认为晋氏之所以凋零，在于各藩王间争夺领土，导致国家分裂，使得少数民族有了入侵的机会。如果现在养精蓄锐，抗击戎狄，定能得到众人的支持，许多将领也会欣然前来贡献力量，我们一雪国耻的愿望便指日可待了。司马睿听后，大为赞叹，立即委任祖逖为奋威将军，为他筹集了千人的粮饷。

公元313年，祖逖从各路精兵强将中筛选了百名军士，择日出发横渡长江。祖逖望着奔流的河水，心中叠起了千层巨浪，时而浮沉时而涌起，他听着浪打船身的声音，回想起自己昔日渡河而来的情景。为了此刻的愿望，他等待了许久许久，终于到了可以一展抱负的时日了。

祖逖渡过长江，率众来到淮阴，见此地男子强健干练，遂有意在此招兵买马，于是祖逖一边安营扎寨，一边锻造兵器。此地民众听闻移居南方的将士归返，纷纷前来投军，不久，祖逖便招募了两千余人。公元前 316 年，西晋被灭，司马睿也加入了北伐的行列，二人商定共同起兵。此时，祖逖所面临的不仅是少数民族首领石勒的 10 万兵马，更有散居各地、被称为“坞主”的地主豪强势力团体。历经无数次的鏖战，祖逖终于攻下了谯城，众士兵松了口气，连月的劳苦之后终于可以暂时安歇了，这也是他们北伐以来的第一胜利。

在谯城养兵蓄锐的祖逖，听闻蓬陂坞主与石勒结为联盟，于是打算趁他松懈之际，攻陷蓬陂以绝后患。蓬陂坞主暗中得到了消息，便派人快马加鞭向石勒禀告。祖逖率领精兵队伍前往杀敌路上时，遇到了石勒派来的精兵。祖逖自知抵不过对方，于是偃旗息鼓，撤至淮南。公元 319 年，石勒在属地自封为赵王，引发了天下的强烈不满。之后的几年，祖逖一直在培养军事干将、发展生产、振兴当地经济，等到时机成熟，便策划起了攻打石勒的计谋。在祖逖的精心战略规划下，石勒的部队付出了前所未有的惨痛代价，削减了所谓登基为王的气焰。但石勒不愿面对失败的结局，在一个月后，组织万名骑兵反击祖逖，然而，祖逖早已料到他不久便会反击，早早地做好了最坚固的防守战线，石勒又一次惨遭失败。

祖逖的北伐战争进行得如此顺利，离不开祖逖善于精准分析事态的做法。在北方，有许多坞主都有意投靠祖逖，但碍于石勒的监视，不得不和祖逖保持距离。祖逖深知其中缘由，便私下里派遣使臣前往各坞主所在地，和坞主们暗中结成联盟，允许他们在表面上和石勒保持来往，但所有事项必须向祖逖通报。祖逖也会不时地假装侵扰各坞主，但这些都是为了做给石勒看的。这种举动令各坞主感慨不已，祖逖宽厚的品格，从此深入人心。在和石勒抗战的时候，坞主们常常暗中提供消息给祖逖，使得祖逖战无不胜。

在军队管理上，祖逖以德服人，在士兵中有着极高的威望。他的士兵，在战争时期拿起兵器就能组成骁勇善战的军队；在闲暇时期，则会握起镰刀变为田间垄沟的农民。祖逖从不为一己谋私利，他的子弟和多数劳动人民一样，下地做农活，接受吃苦的教育。祖逖对最普通的官兵都以礼待之，不以高高在上、不可触碰的态度对待他人。民众都夸赞这位常胜将军，祖逖军队的美名也由此逐渐传遍了中原大地。

祖逖的功绩传到了刘琨的耳中，刘琨欣喜若狂，纷纷向友人称赞这位好友的卓越成就。而祖逖带领的军队不断取得胜利，越来越强大，由此陆续收复了黄河以南的大部分区域。当然，这一切也离不开当地老百姓的爱戴和支持，让祖逖和他的军队更加有信心一往直前。

祖逖的北伐事业就像燎原之火，势不可当，在他准备进一步夺取更多失地时，却遭到了早已称帝的司马睿的阻挠。昏庸的司马睿认为祖逖未来的目标就是自己的皇位，有着严重的猜疑心的他成为这位忠臣意想不到的绊脚石。对此，司马睿发动了数万名的精锐部队，攻打祖逖的北伐军，尽管这种转向内攻的做法深受众多军民的厌恶，然而，实力悬殊的北伐军还是受到了严重的摧残，最后不得不退回原地。

受到朝廷排挤的祖逖，感到心灰意冷，自己的一腔热血不仅没有被重视，还被指责为谋权篡位。哀大莫于心死，祖逖久郁成疾，在公元前 321 年与世长辞，享年 56 岁。感戴祖逖的民众们，自发地为他建造了一座祠堂，让后世人永远记住这位热爱故土、热爱人民的将领——祖逖。

砥柱郭子仪

郭子仪（公元 697 年—公元 781 年），出生于华州郑县（今陕西渭南华州区），唐代中期名将。安史之乱爆发后，被任命为朔方节度使，收复了大唐众多被叛军攻占的区域，深受朝廷内外的敬仰。

郭子仪魁梧伟岸，长得仪表堂堂，骑马越驰千里不觉疲累，并喜好舞弄弓箭，百米之外亦可一射而中。郭子仪的父亲名叫郭敬之，官居刺史，从小训练郭子仪的武术技能，并培养他成为正直强大的人。郭子仪在父亲的影响下，也渴望建功立业，为大唐江山保驾护航。郭子仪长大后，如愿以偿地考过武举科目，被选为左长卫史（皇帝禁军幕府中的幕僚长）。此后，郭子仪的武臣之路越发顺畅，可谓春风得意，由于他技能高超，因此无人不服。

皇帝先后指派他为左卫大将军，又接连让他担任朔方节度兵马使。

公元755年，兼任范阳、平卢、河东节度使的安禄山趁着唐朝荒淫腐败之际，以“奉密诏讨伐杨国忠”为由，集结了约十五万兵马，杀入中原大地。所到之处，各郡县无不妥协，让其自由通行。于是，安禄山带领的叛军几乎没有遇到什么阻碍便闯入了关中，很快兵临潼关。潼关地势险要，本可利用此优势防守到底，可惜唐玄宗执意要大将军哥舒翰率军与叛军拼杀，结果惨败而归，玄宗也不得不逃离京师。

太子李亨见父皇玄宗难以东山再起，便在灵武登基，改号肃宗。肃宗启用了当时跃跃欲试的郭子仪，封他为朔方节度使，讨伐安禄山、史思明等叛军。郭子仪接到任务后兴奋异常，感到恢复江山大业的使命完全交付到了自己的手中。他各处收罗人才，最后将同为杰出军事将领的李光弼举荐给了皇帝，皇帝便封他为河东节度使，和郭子仪一同为收复失地而战斗。

郭子仪带领的朔方军，纪律严整，战斗力极强，所到之处所向披靡。打败了叛军首领薛忠义，为唐朝收复了云中等地区，这使得军队士气大增，为之后的胜利打下了基础。郭子仪在稍事整顿后进入云中（今山西大同），当即命令手下公孙琼岩带领两千精兵强将，连夜攻入敌军所在地马邑（今山西朔县东北），此次突袭旗开得胜，公孙琼岩也斩获颇多。马邑作为军事要塞，拿下它就等于拿下了与东陉连接的大片区域。南方的太原军自此可与朔方军联手抵制安禄山的军队，战争的主导权因而转移到了唐朝军队手中。这一战果，令众多百姓喜笑颜开，肃宗听闻后也是龙颜大悦，郭子仪遂被封为御史大夫。

另外，由李光弼率领的军队，日行夜宿，几万官兵出东陉，经过一场奋战，攻陷常山地区。安禄山听到消息后，惶恐不安，急忙命令史思明调军夺回常山，史思明虽惧怕李光弼的部队，却也不得不率军应战。李光弼早已将情报派人交给了郭子仪，信中仔细地阐明了部队现状，要求再加大自己的兵力，以便将叛军一网打尽。果然，在战争前夕，郭子仪亲自率兵来到常山城下，二人相见甚欢，二股部队合二为一，休整一夜，次日大战叛军。

史思明没有料到对方的军队实力如此雄厚，不禁胆战心惊，结果郭子仪军队大获全胜，把史思明打得落花流水。之后，郭子仪乘胜追击，在肃宗的全力支持下，带领十五万军兵，直击都城长安，不出所料，安禄山的部队已无招架之力，长安也被收入唐军的囊中。

安禄山反叛后，脾气越发暴躁，身边的侍卫、扈从、宦官等不是被打就是被杀，使得安禄山逐渐失去人心。公元 757 年，安禄山之子安庆绪联合亲信严庄、宦官李猪儿将暴虐的安禄山杀死。之后，安庆绪放弃了对洛阳的占据，连夜率军撤至保邺（今河南安阳北）。郭子仪趁机率军突破洛阳的防线，收复了这座千年古都，这使得唐朝半壁江山在握。

郭子仪戎马一生，但他从不倚功恃傲，相反，他遇到不平之事便会伸出援手，这让他深受各路豪侠的尊敬。他的威名传遍边疆，吐蕃、回纥等民族尊称他为“神人”。听到他的名字，连发动安史之乱的军队都会露出敬重的面容，整理衣冠面向他所在的方向以表敬意。

郭子仪领兵打仗驻扎异地，绝不侵犯农田、破坏民居，干扰民众的生活。他以身作则，在农忙时期便为驻地附近的农民锄田施肥，手下的士兵见此情景都深受鼓舞，也放下兵器加入了农忙的队伍。等到秋日来临，郭子仪驻地的农田常常都获得丰收的硕果。

郭子仪为国效力从未找过托词，他全力指挥军队夺得胜利，只要国家有难，他绝不会坐视不管，只要国家召唤他，就一定能看到他的出现。他不需要多余的虚职，认为朝政混乱，就是因为太多人看中职位的高低，而不将精力放在建言献策上。为了从自身做起，郭子仪请求皇帝去除他的各类虚职，只保留带兵打仗的实职。

作为唐朝中后期著名的将领，郭子仪成了再造唐朝的功臣，他可谓是盖世英雄。然而，他更重视军心，身居高位却更看重民心，他热爱人民、热爱祖国的心令世人敬仰，就连德宗都称他为“尚父”。

郭子仪晚年乐享天伦，直到85岁高龄才去世。为了向他表达敬意，德宗特许他的坟墓高过一品官坟墓十尺左右。

无敌杨业

杨业（？—公元986年），宋朝著名的军事家。据《宋史》记载，他是并州太原（今山西太原）人。杨业从北汉入宋，身为降臣却受到了皇帝的重用，在攻辽战役中做出了卓越的贡献。

杨业自小喜爱耍刀弄枪，不喜读书，曾从师学习射箭，箭法过人，在狩猎中常常能够得到许多猎物。杨业少年时期常被人们称作侠义之士，虽然读书甚少，却谋略过人，常常能够准确地抓住所分析事情的重点。他年轻有为，二十几岁就被选入北汉太原幕僚，深受北汉皇帝的重用和信赖。

杨业进入仕途后，开始观察当今天下的变化与走向，并四处游访，体察民情，发现宋朝民生治理得当，百姓都安居乐业。据他分析，宋太宗建立的宋朝统一天下指日可待。于是，他向北汉皇帝提议成为宋朝的归属地，让宋朝带领这一方人民更加能安享太平，否则，战争开始只会令生灵涂炭。但是，北汉皇帝听后勃然大怒，认为这个请求实在荒谬。杨业在建议遭拒后，并没有逃至宋朝，而是选择继续留在北汉。

不久，宋朝入侵北汉，要求北汉皇帝自动投降。在此期间，杨业倾尽全力捍卫北汉江山，在战场上与宋朝势不两立，直到北汉战败，杨业仍旧没有弃国而逃，在自己的孤城中坚持与宋军对战。

宋太宗对杨业的神武勇猛早有耳闻，希望他能够和自己一同共事。宋太宗手下的一名大臣说道："您不知道，杨业也曾经向北汉皇帝建议投靠我大宋。如果您想让他辅佐您，您务必要亲自特派使臣，他才会欣然前来。"宋太宗便派遣了特使，连夜赶往杨业所在之处，特使见到杨业后耐心详细地告诉杨业说宋太宗多么求才心切，希望他能够为大宋尽一臂之力。杨业听后，想起自己这几年所经历的事情，不觉潸然泪下，感觉到千里马终于遇见了伯乐，于是，杨业便跟随特使迁移到了宋朝。宋太宗见到杨业来临，喜不自胜，当即封他为朝廷左领军卫大将军，又知道他对边疆战事非常了解，因此又命他担任三交驻泊兵马部署。

当时，契丹人统治辽国，用自己的马蹄威慑着四面的邻邦，各路兵马对他们都退让三分。杨业在代州驻守时，辽国军队聚集了十万兵马一路杀到雁门，照此趋势，将对大宋不妙。杨业大胆行事、小心考虑，和身边的军士共同商讨出了作战计划，便于次日清晨带领一千精兵马不停蹄地赶往辽军大营，另一支秘密分队随后出发。

辽军没想到杨业如此大胆，更没想到两支部队前后夹击，将他们打得落花流水。杨业趁乱，孤身冲入敌营，直奔首领所在之处，将他活捉后扬长而去。

这次战役的胜利让杨业声名大噪，成了远近闻名的军事干将，契丹人见到他都要拔腿而跑，契丹军队听闻他的到来都要退避三舍。从此，他便有了新的名号，被称作“杨无敌”，这个称号伴随他南征北战半个世纪。

公元 979 年，雄心勃勃的宋太宗在收复了北汉之后，进而打算吞并辽国，将燕云十六州变为自己的属地，实现自己大一统的千古伟业。然而，宋太宗毕竟缺乏战事经验，在他率军开展的高粱河一战中，宋军惨败，人员伤亡巨多。宋太宗差点被活擒，在最后关头仓皇逃脱。

自此，宋太宗便将重任全权委托给了手下的兵将们，西路军由潘美担任主帅，杨业担任副帅，进攻云中（今山西大同）。在他们的领导下，战况频频报捷，飞鸽传书不断被送往宫廷，宋太宗龙颜大悦，每天都欢歌艳舞庆贺胜利。不久，宋太宗便又收到各路军队已接连收复了寰州、朔州、云州、应州等四州的捷报。

之后，宋太宗下令，趁战事告捷之际，先将四州人民护送至宋朝首都开封附近，为保证他们的安全，宋太宗指派潘美和杨业完成这项重任。此时，辽国已派出了十多万大军发誓要夺回失陷的四州，针对西路军还发出了一份通告，告诫他们早早地撤离本不属于他们的领地。不久，最北方的寰州被辽军的铁蹄所征服。

杨业审时度势，清楚地意识到此次敌人复仇的火焰极其旺盛，若不选择以计谋对之，则会面临灭顶之灾。他和潘美以及幕僚大臣们合计，先躲避辽军的主要兵力，由自己带领宋军离开雁门，之后潘美悄悄通知云州知府，待军队悄无声息地来到应州时，云州的百姓早已走远了。而辽军一旦获悉宋军驻扎在应州，必然火速前来对战，那么朔州百姓就可以安然地出行，直接走到石碣谷，再安排一队弓箭手埋伏于陈家谷口，另有一支骁勇善战的兵士在路途中援助。按此计划，三州人民尽可平安抵达目的地，出现意外的可能性极低，宋太宗的任务就可以大功告成。

不过，好事多磨。这项计划并没有受到众位大将的认可，王侁是其中反对意见最大的。他指出，这项计划其实就是在浪费时间，如果靠大军护送，长驱直入辽军的大营都可以无所畏惧，何况回国？他冷笑了一声，向杨业说道："副帅常被人称作无敌，怎么如今却变得畏首畏尾，失去了当日的神勇？莫不是叫辽军的十万大军吓破了胆吧？"杨业直直地盯着他的双目，毫不畏惧地告诉他："我杨某人生于天地间，只为了自己的使命而活，从不为个人生命决定行军道路。我死都不怕，还能怕什么呢？"在一旁聆听的潘美始终沉默不语，似乎默许了王侁的主张。

翌日清晨，兵马已在城外列阵，等候出发的号角，杨业无不感慨地对潘美说："我预感到此次前往朔州，十有八九将要失败。但是，我自北汉降服于宋朝，作为降臣应当立即斩首示众，却承蒙皇帝大恩担任西路军的副帅，赐予我兵权和极大的信赖。我赴汤蹈火在所不惜，只是希望你们到时候莫要推让责任，以完成战事为要。”说着，指向前方的陈家谷口，向潘美嘱咐道：“你们再次在陈家谷口设置弓弩手，严加提防辽军来临。等我从朔州返归，便来救援你们，否则我们都将战死。”

杨业带领大部队出发后，城中剩下了潘美、王侁，每天从日出到日落，他们派人登台瞭望，视察军情。在这样日复一日的守卫中，他们渐渐觉得无聊且乏味，兵士有的逃跑还乡，有的忙中偷闲，纪律十分涣散。一日，一个士兵登上瞭望台，远远地看见一群穿着像契丹人的百姓衣衫褴褛地走过去，便告诉王侁辽兵已败，并叙述了如何看见辽军慌忙逃窜于城郊的场景。王侁听后欣喜若狂，为了争功夺利，也不禀告潘美，当即备马，率领部队走出陈家谷口。潘美听说王侁离开的消息，竟置若罔闻。王侁一部队沿着灰河边行进边派哨兵去前方打探虚实，走了二十多公里，忽然得到消息，杨业居然遭到了辽军的突袭而惨败于朔州。王侁立即掉头折返，慌忙中还不忘令人处罚了当日登上瞭望台的士兵。

原来，那位士兵只是窥见了一群衣衫褴褛的契丹流民，就误认为是辽国军队被杨业打败，并将这一误判告知给王侁，闹得王侁轻易出兵，陈家谷口也变得无人看管。杨业率军与辽军激战后，认为实力不及对方，便拼死率领部队赶到陈家谷口时，却发现此地没有一人把守，之前说好的约定就这样落了空，而眼看辽兵的后续部队就要追来，焦急万分的杨业犹如热锅上的蚂蚁般不知所措。不过，作为一军统帅，他强迫自己镇定下来，因为还有万千士兵等着他发号施令。无奈之下，杨业只好再度重整旗鼓，打算与追来的辽军血拼到底，将士们在他的感染下，也拿出了以死相抗的精神奋勇抗敌。

不久，辽军的后续部队源源不断地聚集在了陈家谷口，几番激战之后，死伤无数的杨业军队只剩下了百名士兵。奋死抵抗之际，杨业含着热泪向剩余的战士们说道："你们上有父母，下有妻儿，不可在此成为异乡客死鬼，快逃命去吧，各自凭各自的能力逃回老家。"战士们听后不禁流下了泪水，他们不忍抛下这位可敬的统帅，于是都纷纷留了下来。

辽兵援军的呼喊声响彻天际，杨业率百名战士拿起手中的武器，喊出了最后的吼声，虽然士气大增，却怎奈敌军势力太强，最后所有的宋军士兵都躺在了血泊中。杨业的儿子也在这次战役中不幸罹难。

杨业在身受重伤后仍然重入敌阵，杀敌百余人，最后血流不止陷入昏迷。辽兵将领趁机放出暗箭，射伤了他的马，待马倒地便令辽兵活捉了杨业。杨业被辽军打入监牢后，辽军统帅来到狱中，劝他投降于辽国。只见杨业端坐在黑暗潮湿的牢笼里，目不斜视地说道："我本想效忠宋朝，谁知遭到了帐下将臣的背叛，如今沦为阶下囚，我已无颜面留存于世。"之后杨业绝食了三天三夜，在辽军大营的监牢里辞世而去。

杨业的死讯令宋朝上下无不伤痛，宋太宗也为他扼腕叹息，下旨惩罚了对战事失利负有责任的潘美，将其革职还乡。杨业的子孙继承了他威武不屈的精神，继续效力于宋朝。其中，最为人所熟知的有杨延昭、杨文广等人。后世的文学家欧阳修等，盛赞杨家将的忠烈勇猛。宋元时期，民间传唱艺术家将杨家将的故事改编为戏曲，供世人欣赏。现存的戏曲小说有《杨家将演义》、《杨家将传》等。

英雄岳飞

岳飞（公元1103年—公元1142年），出生于相州汤阴县（今河南汤阴），中国著名的抗战英雄、民族英雄、军事家。

岳飞出生在世代务农的贫苦家庭。他的父母都是面朝黄土背朝天的农民，岳飞的父亲名叫岳和，母亲姓姚。虽然家庭生活艰难，但是岳飞的父母从来没有放弃对孩子的教育。

相传岳飞降临那日，天上飞来一只大鸟，在岳家房顶盘旋不去。母亲认定这是上天的旨意，于是便给儿子取名为“飞”，希望他有朝一日展翅翱翔、飞出山村，飞往更广阔的天地。

北宋末年，岳飞应召入伍，在冬天远离家乡进入军营。不久，发生了举国震惊的大事，当朝徽、钦二帝被北方的金人掳走。群龙无首之下，满朝百官建议推举康王赵构执政，这年秋天，康王在南京（今河南商丘）登基，是为高宗，由此，南宋建立。

岳飞虽然是一名普通士兵，但是敢于直抒己见，他在统领巡逻时，向将领建议道：“现在金人的江山还未巩固，我们趁机打入敌营，不仅胜算巨大而且还可以救出二帝。”然而，由于岳飞身份低微，他的建议未得到将领的认可。

公元1129年，北方的金兵来势汹汹，势如破竹般横扫中原大地，同时更是直指南方。金兵所到之处，无不怨声迭起，人民无处可逃，只好任其铁蹄践踏家园。而高宗早就逃奔到了杭州一带，岳飞为了保驾也不得不无奈地退至建康（今江苏南京）。

不久，岳飞被提拔为抗战统领之一，金兵的铁蹄踏过中原后，继而将锋芒直指江浙一带。他们发誓要将宋朝一网打尽。岳飞为了抗战，积极训练兵士，一丝不苟地制订作战计划，渐渐地形成了一套独特方法。等到金兵渡长江而来，碰到岳飞的兵阵却都惊奇不已，他们从未见过如此训练有素的队伍，整个作战计划也搞得他们晕头转向。最后，金兵会师六次，六次皆以失败告终。就这样，岳飞在迎来他个人的成功同时，还保卫了南宋的半壁江山。

岳飞的成就引来了朝中各大臣的注目，他虽远离建康，但名声已在京城内的大街小巷传遍了。皇帝和大臣们都认为，岳飞是个不可多得的人才。人们的议论越来越多，皇帝也就越发想要目睹这位将领的风范，于是派人邀他入宫。

岳飞来到建康，受到了高宗的亲自接见。在会面时，高宗郑重其事地对他说：“我的复兴大业，就委托给岳飞你了。朝中大臣你都可以指挥，除了张俊、韩世忠之外，你可以命令任何人听从你的决定。”岳飞听后，当即向皇帝下跪行礼，感恩他的器重。为了不辜负高宗的一番诚意，岳飞立刻找来纸笔，为高宗写下了自己带兵北上的计划。

然而，受到重用的岳飞，遭到朝中大臣的嫉妒。以秦桧为首的投降派嫉妒青云直上的岳飞，便向高宗进献谗言，趁机陷害他。岳飞由此被高宗疏远，受到了冷落。心灰意冷失望至极的岳飞离开了建康，以母亲病丧为由向朝廷申请了三年的休假。

岳飞离开后，秦桧顺理成章地受到了重用，位居高层的他是个十足的软弱投降派。在秦桧的建议下，高宗同意了和解的做法。

不久，金国和宋朝便达成了停战协议。

之后，金国还派遣使臣来到宋朝，和宋高宗商议和解的具体事宜。金国使臣提出的要求中包括：宋向金称臣；双方以淮河至大散关划定分界线，以南属宋，以北属金；宋每年向金交纳金二十五万两、绢二十五万匹。

这些屈辱的内容，遭到了宋朝百姓们的强烈反对，但是为了求和，宋高宗不惜付出一切代价，甚至与民为敌也在所不惜。于是，宋朝从此沦为了金朝的属地，每年称臣纳贡。

此时，岳飞认为金国无缘无故地前来和解，其中必有蹊跷和阴谋。他上书给宋高宗，却被秦桧中途拦截。岳飞的判断并没有错，原来金国内部早已分成了两部分，一方以挞懒为首，一方以兀术为首，二人在朝内争权夺利互不相容。挞懒对河南地区的统领刘豫早已不满，便以与宋朝和解为契机，将刘豫的权力剥夺掉。

然而，将这一切看在眼里的兀术却认为，这是挞懒想要谋权篡位的手段之一，于是密告给皇帝金熙宗，说挞懒想要自立为王。果不其然，金熙宗抓住挞懒，割了他的首级。由此，宋朝和金国的和解协议，刚刚形成却又面临着被解除的危险。

不久，兀术率金兵侵宋，民众们自行武装起来反抗入侵者。岳飞也组织自己的军队，亲自教导士兵的武艺，以抗击金国军队。岳飞的士兵因为纪律严明，作风优良，被大家称作岳家军。

岳飞带领的岳家军所向披靡，犹如一道闪电掠过中原大地，加上中原人民的热烈拥护，他们的进展比预想中顺利了许多，一年间收复了河南众多州县。这些州县的人民重获自由后，各个笑逐颜开、欢欣雀跃。在此次北伐中，岳家军消灭了无数金军，并射杀了兀术的女婿，大大打击了金军的嚣张气焰。直到岳飞认为，中原大地全部收复指日可待时，谁都没有预想到，朝廷已将矛头对准了他。岳飞收到了来自宋高宗的警告，命令他禁止再与金军交锋，并尽快返回都城临安。

岳飞难违君命，眼看着自己一手创建出的成果将要毁于一旦，心中若有所失，此番一去，怕是再也没有机会实现自己的抱负了。回到临安，岳家军也免不了解散的命运，所有的一切都盘旋在岳飞的心头，难以摆脱。

每个朝代发生灾祸时，都会有民间的爱国人士、将领挺身而出，这些来自民间的英雄拼劲血汗为国效忠，然而当他们的势力渐渐茁壮时，朝廷又害怕这些人会威胁到自己手中的政权，这就是封建专制社会的矛盾之处。

率军返归的岳飞，虽然已经无法再征战沙场，但还是有人视他为眼中钉、肉中刺，秦桧就是其中一名。他想方设法陷害岳飞，在宋高宗面前妖言惑众，说岳飞积蓄力量，打算东山再起时推翻宋朝。

不久，宋高宗便下令将岳飞关进了临安大理寺。因为秦桧找不到任何能够确定岳飞反叛的事迹，让另一领兵将领韩世忠非常不满，他将秦桧叫到眼前，质问秦桧审判结果出来了没有。然而，秦桧什么都没有告诉韩世忠，只是临时编造说："其事莫须有。"韩世忠听后气不打一处来，将秦桧斥责得颜面全无。

高宗还是下定决心处死岳飞，但岳飞自认为没有做出有愧于君王、有愧于人民的事，直到临死都没有招认罪状。他在供状上用雄健的笔力写下"天日昭昭，天日昭昭"八字，表明他日月可鉴、坦荡无畏的胸怀。

岳飞虽然被无辜杀害，但他的爱国精神却永远留在了人民心中和史册之上。他组织岳家军，抗击金国的入侵，收回了中原大片土地，成为我国历史上民族英雄的典范，他的事迹将会被人们历代传颂。

帝王铁木真

孛儿只斤·铁木真（公元1162年—公元1227年），蒙古帝国可汗，杰出的政治家、军事家，后被元世祖忽必烈追尊为成吉思汗，谥号为圣武皇帝。

公元1162年，铁木真在漠北草原出生，几年之后父亲被杀，之后各部落间为了争夺权利而不断发生战争，在兵荒马乱的动荡中铁木真艰难地度过了童年。母亲的教导和童年时期的战乱，使他逐渐成长为一个坚毅、勇敢的青年。

铁木真擅长骑射，功夫高强，由此受到了不少的赞许。在铁木真的父亲被杀以后，泰亦赤兀惕部落趁机分离出去，因害怕铁木真日后为他父亲报仇，于是他们派人将铁木真强行逮捕，之后铁木真在一位老人的竭力帮助下顺利逃脱出来。但过了不久，蔑儿乞惕部落便对铁木真的营帐发动突袭，并将他的母亲和妻子抓走对他进行威胁。

这些接踵而至的不幸遭遇更加坚定了铁木真复仇之心，他下定决心一定要把失去的一切都重新夺回来。为了让自己有一个强大的靠山，铁木真投靠了当时草原上实力最强大的由王汗带领的部落，并且将妻子最珍贵的一件黑貂皮献给了王汗。王汗很欣赏铁木真的才华，便帮助他逐步将当初离散的部族重新收拢回来，并最终将蔑儿乞惕部落打败。

由此，铁木真的名气开始在草原上传播开来，慢慢地，有越来越多的人投奔到他的部落下。铁木真非常注意并且擅长笼络人心，每次狩猎完都会主动将一部分猎物分给相邻部落的人；每次打了胜仗，如果下民和奴隶在战争中立了功，便可以升到他的家臣之列。最难能可贵的是，对于战败的部族，从不实行以往部落首领惯用的杀戮政策。

公元1189年，铁木真凭借着突出的能力被推举为乞颜部可汗。不久，札达兰部首领札木合便以弟弟被铁木真手下杀害为由，联合其他部落向铁木真发起进攻，即所谓的“十三翼之战”。铁木真部落不论从人数还是从武器装备上都不及敌方，最终惨败，无奈率领剩余的部下退到了斡难河畔哲列涅狭地。获胜的札木合立即下令将他俘虏的所有铁木真的手下都处死。札木合本想以此来震慑其他部落，但不想许多人都觉得他过于心肠狭小而觉得铁木真宅心仁厚，便纷纷率领部族投靠了铁木真。由此铁木真的实力增强了不少，虽然仗打输了，但却赢得了人心。

不久，扎木合被追随他的部落首领推举为“古儿合汗”并向铁木真发起进攻，结果这一次札木合惨败，投降了王汗。之后，铁木真攻打塔塔儿部，大获全胜。

面对势力逐渐壮大的铁木真，王汗意识到铁木真以后会成为他的劲敌，对他的地位将会是一个很大的威胁，便于公元1203年发兵攻打铁木真。战争极为惨烈，在铁木真的正确指挥和部落军民的反攻下，王汗不但没有歼灭铁木真，反而被打得狼狈逃窜。随后，铁木真又带领部落征服乃蛮部，不久又将札木合顺利除掉。公元1204年，铁木真将乃蛮部的太阳汗斡鲁朵歼灭，由此他成为整个蒙古高原上地位最高的统治者。

公元1206年，铁木真大宴群臣，改“可汗”为蒙古国大汗，号成吉思汗。之后的几年里吉利吉思、畏兀儿、哈剌鲁等部落也纷纷归附于他。

在蒙古汗国建立之后，为了使政权更加稳固，成吉思汗开始着手对军队、法制和文化等众多方面进行改革和组建，同时他还将一些流传已久的风俗用法律的形式给予固定和保护。成吉思汗将所有的蒙古牧民统一划分成九十五个千户。其中每个千户下都设百户、十户。他将其中一部分千户交给诸弟和诸子掌管，由此形成了左右手诸王，还将大将木华黎和博尔术封为左、右万户，也就是两个最高级别的军事长官。

为了更好地控制全国的局势，成吉思汗还大力扩张禁卫军队，甚至将千户那颜（首领）、百户长和十户长等人的子弟都编进了禁卫军的队伍，整个禁卫军的人数多达一万余人。同时他还下令增设札鲁忽赤一职，主要负责户籍和诉讼等方面的行政及司法事务。

成吉思汗还以原来的“千户军”为基础对整个蒙古军队进行整编，并且规定：“百户长手下设有九个十户长；一个千夫长手下有九个百户长；一个万夫长手下有九个千户长；君主下达的命令由专门的军校传达给万户长，再由万户长按照等级逐级传达给十户长。”

蒙古国建立起来后，很多原来的部落被拆开重新编排到不同的千户中，因此很多部落之间的划分界限从此消失，并逐渐形成一个统一的蒙古民族。另外，成吉思汗还启用了原乃蛮部太阳汗的臣子，即畏兀儿人塔塔统阿，同时要求贵族子弟必须学习畏兀儿的文字。畏兀儿文字的普及，为日后蒙古文字的形成奠定了基础。

随着蒙古汗国势力的日益壮大，成吉思汗也逐渐开始向外发动战争以扩大领土。公元 1205 年至公元 1227 年期间，成吉思汗曾先后六次率兵大举攻打西夏。与此同时，他又率领大批军队南下进攻金国，几场恶战之后，金国溃败并被迫将都城迁到了汴京（今河南开封）。1215 年，成吉思汗率军攻占金国原都城金中都（今北京）。此后，成吉思汗又灭了西辽，先锋部队一直向前到达了克里木半岛。成吉思汗并没有因此而自满，公元 1220 年，又指挥大批蒙古军将讹答剌城、不花剌、花剌子模新都城撒麻耳干（今乌兹别克斯坦撒马尔罕）等城逐个攻破。

不久，成吉思汗之子拖雷率领蒙古汗国的大批军队开入呼罗珊地区，并于公元 1221 年占领了呼罗珊的全部领土，同时哲别和速不台也一并率军继续向西开展对外战争。

公元 1226 年，成吉思汗在一次狩猎活动中意外坠马负伤。第二年夏，成吉思汗在伐金的途中因病去世，直到他临终前还提出了联合宋朝一起灭金的战略。

成吉思汗戎马一生，统一蒙古各部建立了蒙古汗国，改变了各部族之前的落后状态，促进了历史不断向前发展。他有着卓越的军事才能，战术灵活多变，注重与他国或部落联合，被众多军事家称赞为“深沉有大略，用兵如有神”。他对西夏和金国发动的战争为之后元朝的建立和统一打下了坚实的基础，从此之后，蒙古民族便开始威震四方。成吉思汗所取得的这番功绩不但利于民族之间的融合，而且也为现今中国的版图的奠定做出了突出贡献。

第二章　战争篇

——一石激起千层浪

战争的号角一旦吹响，交战双方的将士便如两条巨流融汇于战场，战车、步兵、骑兵齐上阵，摆开阵势迎战敌军，冲锋的号角和富有节奏的鼓声为将士们助威呐喊，壮观的场面叫人难以忘怀。现在，就让我们穿越历史的时空，去回顾那一场场令人惊心动魄的战争。

长勺之战

公元前685年，帝国公子小白登上君位，称为齐桓公。虽然暂时获得了贵族们的支持，但是离获得民心和民望尚有一段距离，为此，小白急于发动一场战争，从而扩大自己的影响，并增强自己的政治威望。

由于当时齐国的国力要强于鲁国，再加上此前与鲁国进行的乾时之战中，齐军轻易取胜，更是增强了齐桓公讨伐鲁国的信心。而当时刚刚担任齐国宰相的管仲认为，政权刚刚稳定，不宜对外用兵，但是齐桓公哪里肯听，随后就命鲍叔牙领兵于第二年对鲁国发起进攻。

鲁庄公在得知齐军要讨伐鲁国之后，心里很是着急，忙召集大臣们商议对策。当时的大夫施伯对鲁庄公说道："非常时刻就需要非常的人才，请允许我向大王推荐一位治国之才。"鲁庄公忙问是谁，施伯回答说："我推荐的人名叫曹刿，虽然他目前仍是一个平民，但是却有着渊博的学识，是一位不可多得的人才。"随后，施伯就让人前去请曹刿入朝。

曹刿的邻居们听说他要入朝议政，觉得很不可思议，就向他开玩笑道："国政都是大官们操心的，跟你有什么关系呢？"曹刿回答说："那些居高官享厚禄的人，大多目光短浅，根本不能深谋远略。”然后就随着朝廷的官员去见鲁庄公了。

在朝堂上，曹刿向鲁庄公发问道：“您凭借什么来打赢这一仗?”鲁庄公回答说：“衣食财物之类，我从来都不会独自享受，得到之后必然会和大家分享。”曹刿说：“这些措施都是小恩小惠，何况并不是每个人都能够得到，仅凭这一点，百姓是不会跟随您的。”鲁庄公又说道：“在祭祀的时候，祭品中的牛羊和玉器，不敢私自减少，每次祭祀，我都是非常诚心的。”曹刿说：“即使这样，也并不能够完全感动神灵。”

庄公听曹刿这样说，就有点着急，连忙说：“鲁国中的诉讼案件，即使我不能够进行亲自查完，也一定要在自己的能力范围内找到事实论据，并做到公正。”听到这里，曹刿才点了点头，并且肯定道：“这才是一国之君所应当为百姓做的事情。如果大王能够做到这一点，那么百姓必然忠诚于您，这次战争，我愿意参加。”

在听到曹刿的一番高论后，鲁庄公终于获得了信心，随后开始准备出兵回击齐军。在鲁国的长勺（今山东莱芜东北），齐鲁双方对阵，由于乾时之战的胜利，齐军一直看不起鲁军，鲍叔牙觉得齐军士气高昂，有些急于进攻，希望将鲁军一举击溃于长勺。

当齐军大举进攻的时候，鲁庄公马上要求鲁国军士投入战斗，但遭到了曹刿的阻拦。曹刿主张采取以静制动的作战方针，就这样，面对齐国的强烈攻势，鲁国的军士毫无进攻的意向，而是严阵以待。齐军冲不破鲁国的军阵，就回营休息了。

不久，齐军开始发动第二次进攻。可是这一次鲁军一方仍然毫无动静，齐军又像第一次一样退了回去。当时齐军的将领鲍叔牙还以为鲁军是在前一次的失败中被打怕了，根本没有出击的勇气了，于是就松懈下来。

当齐军开始发动第三次进攻的时候，曹刿对鲁庄公说："现在是出击的时候了，请您击鼓，一定能战胜齐军。"

在鲁庄公急促的鼓声下，鲁国的将士们如猛虎般向齐军阵营冲去。疲惫的齐军哪里招架得住这么猛烈的进攻，还没有多长时间，就被鲁国的军队冲击得溃不成军，死伤无数，只剩下逃跑了。鲁庄公一看，形势大好，就马上下令让军队对齐军进行追击。这时曹刿让鲁庄公稍等一下，接着就登上了战车，向齐军逃亡的方向看了看，这才下令道："可以追击了。"于是鲁军乘胜追击，一直把齐军赶出国境几十里。

在战争结束后，曹刿向鲁庄公解释道："之所以在齐军进攻三次后再出击，是因为打仗在很大程度上依赖士气，第一次击鼓时，往往最有气势，等到第二次，士气就开始衰落了，到了第三次，就基本上没劲了。齐军经过三次击鼓，士气已完全丧失，而我方正士气高涨，此时出兵，自然能一举击败齐军。"

鲁庄公问道："那在追击敌人的时候，你登上高处又是在张望什么呢？"曹刿说："我害怕齐军是诈降，不过当我看到他们的军车车辙凌乱，军旗东倒西歪，就判定齐军是真的逃跑了，这才下令追击的。"

长勺之战是春秋时期一场著名的以少胜多的战役，曹刿也凭着自己的远见卓识在历史上留下了光辉一笔，即使在今天看来，这场战争的意义也依然是积极向上的。

城濮之战

公元前632年，楚国率领陈国、蔡国和许国等国家围攻宋国。宋国不敌，就向北方的晋国求援。晋国的大夫先轸认为应当出兵，因为这是确定霸主地位的良机。

没过多久，晋军为了攻打曹国，向卫国借路，但是被卫成公拒绝了。于是晋军就渡过黄河迂回绕到卫国，并且占领了卫国的两个都邑。这下卫成公慌了，赶忙派使臣到晋国去谈判，可是晋国并没有给卫国商量的余地。卫文公情急下，只好去投奔楚国，以获得庇护。可是还没等到卫文公和楚国接上头，卫国内部就发生变乱，卫成公只得仓皇出逃到陈国。

晋国在打败卫国后，继续攻打曹国，弱小的曹国根本不是晋国的对手，还没有开战多长时间，就被晋军打地丢盔卸甲，晋军几乎没有费多少力气，就攻破了曹国的都城。

正当晋文公力战这些小国的时候，楚王又一次包围了宋国的都城，宋国再一次向晋国求助。如果晋国此时出兵的话，就不可避免地要和楚国发生正面冲突，这使晋文公十分为难。因为当年晋文公在流亡的时候，楚国和宋国都曾经对自己十分宽厚，得罪其中的哪一方都不是自己想要的结果。这个时候，先轸就给晋文公出了个主意，认为可以把已被晋国占领的曹国和卫国送给宋国，因为曹卫两国是楚国的盟国，这两国有难，楚国不可能坐视不管，必然会从宋国撤军，来救它的盟国的。

晋文公认为这是个好主意，于是就按照先轸的计划行事，很快，楚国在晋文公当年流亡路过楚国时，曾经热情招待过晋文公，对他的印象也很好，宋国暂时撤军了。

当时，晋国的兵力强大，阵容严整，楚王就想让大将子玉退兵，可是刚愎自用的子玉哪里肯听，直接让自己的部将向楚王请战。楚王很生气，只派了很少的兵力给子玉。可是头脑简单的子玉还认为楚王支持自己的行动，就非常自负地领兵出征了。

在到达阵地后，楚将子玉先让宛春以使节的身份到晋军阵营，对晋文公说："楚国从宋都撤军也不是不可以，但在此之前，一定要先让曹卫两国得以复国。"晋国的大夫子犯觉得子玉的请求很是无礼，因为子玉仅仅是楚国的一个将领，就敢要求晋国放弃两个国家，这让晋国的尊严放在哪里？

这时，先轸对晋文公说道："如果君王想要称霸中原，就一定要在诸侯中树立德威。只有安定邻邦，才是符合礼仪要求的行为。如果此时我们拒绝子玉，那么一定会失信于曹、卫、宋三国，这三个国家也必然因为迁怒我国而转向楚国的阵营，那么即使出征，也不见得会胜利。"

后来在晋国君臣的研究下，认为针对楚国，必须分两步走，首先要拉拢曹卫两国，可以暗中答应他们复国，接着再把楚国的使者宛春扣留下来，以激怒子玉，从而让楚国先出兵，晋国可以后发制人。

实际上，晋军在战争伊始时就避开了楚军，这是为了报答当年晋文公在流亡路上途经楚国时楚成王的厚待。当时，楚成王曾在宴会上问晋文公何以为报，晋文公回答说："如果以后晋楚二国兵戎相对，我必然会退避三舍，以报答您的盛情。"没想到当年的戏谑之语竟然在之后的城濮之战上兑现。

子玉得知宛春被晋国扣留，大为恼怒，直接领兵朝晋军阵营杀去。出乎子玉意料之外的是，由于晋军履行了当年退避三舍的承诺，他在进军途中丝毫没有遭到晋军的抵抗，这使楚军的气焰更加嚣张，却不知已经中了晋军的埋伏。为了麻痹楚军，晋军佯败，一直将楚军引入晋军的埋伏圈，之后先轸率领主力军直接将楚国的军队拦腰截断，这时楚军才发现上当，只得败落而逃。

经过此战，楚王北进的计划受到挫折，而晋文公得到了中原盟主的地位，并得到周天子的承认，晋国的国力也因此更加强盛了。

泓水之战

公元前656年，楚国为了称霸中原，出兵北进，但遭到了以齐国为首的中原各国的抵制。楚国被迫和齐国订立召陵之盟，因此，楚国北进的计划受到阻碍，只好转而向东面谋求发展。此时的楚国，已经囊括了现在的河南南部和安徽的北部地区。齐国虽然曾经称霸诸侯，但是自从齐桓公去世之后，齐国的政坛就出现了动荡，桓公尸骨未寒，他的儿子们便围绕国君的位置展开了残酷的争夺。由于齐桓公在位的时候就将太子昭托付给宋襄公，所以在这次争斗之中，太子昭得以逃到宋国寻求庇佑。

宋襄公看到齐国内乱不断，就仗义兴兵，打算率领诸侯平定齐国的内乱。他联合卫、曹、邾等国，将太子昭护送回国继承齐国的君位，就这样，太子昭即位，是为齐孝公。由于这场内乱，齐国的霸主之位开始动摇，并逐渐走向没落，中原各国也陷入混战之中。

宋襄公凭借着稳定齐国局势之举而赢得的一些声誉，开始自大起来，自以为仁义昭著，让诸侯们奉自己为霸主。公元前 641 年，宋襄公邀请曹、邾、鄫等国在曹都会盟，共同商量对付楚国的策略。会盟的时候，因为鄫国的国君迟到，宋襄公当时就惩罚了他，又因为曹国没有尽到地主之谊送羊给他，于是在这年的秋天，宋国就兴兵攻打曹国。

诸侯们很快开始对宋襄公的乱施淫威表示反感。于是，陈国提议在这年的冬天，鲁、陈、蔡、楚、郑、齐等国在齐国集会，以追念齐桓公的名义来表达对宋襄公所作所为的不满。宋襄公看到很多中原的诸侯国不再听取自己的号令，便想借助齐国和楚国的军事实力，镇压不顺从自己的诸侯国。

公元前 639 年，宋襄公、齐孝公和楚成王在齐国见面，约定于这年秋天在宋国结成联盟。宋襄公的弟弟公子目夷对于楚成王痛快答应结盟之事深感忧虑，劝宋襄公说："宋国本是小国，小国要争当霸主自然不会有好结果。"但是，由于当时诸侯霸主的诱惑实在太大了，对于这些逆耳的忠言，宋襄公根本听不进去。在宋襄公动身前往会盟现场之前，公子目夷又提醒他，楚国人一向不讲信用的，为防有变，一定要带上军队。怎奈宋襄公听后却迂腐地认为应该遵守自己提出的不带军队的会盟建议。只带了一些随从就赶去赴会了。

果然，在会盟时，楚人发动了早已埋伏好的军队将宋襄公囚禁。楚国以宋襄公为人质来要挟宋国。公子目夷便发动宋国的军民抵抗楚国。楚国见被抓的国君对自己毫无意义，恰逢此时鲁僖公又出面进行了调停，于是楚国就送了个人情，释放了宋襄公。宋襄公回国之后，对楚国言而无信的行为深恶痛绝，同时对诸侯们见死不救的行为也很恼怒。但无奈怒气无处可发，于是，曾经在春秋初期短暂称霸诸侯、后来衰落的郑国成了他的出气筒。

当时郑国为了生存，像墙头草一样在楚国和中原诸侯之间的夹缝中左右摇摆，于是宋襄公就联合卫、许、滕等几个小国一起对郑国发起进攻。郑国只能向他的盟国楚国求救，楚国随即派兵救援。本想要报上次无缘无故被楚国囚禁之仇的宋襄公，更加竭尽全力地准备同楚国交战，大战一触即发。公元前 638 年，宋国和楚国的军队在泓水（今河南柘城县北）相遇。宋军在北岸列阵等待的时候，楚军正在渡河，公子目夷认为楚国的军队人数众多，建议宋军应趁楚军渡河混乱的时候发起进攻，宋襄公顾及仁义之师的名声断然拒绝了目夷的建议。

当楚军渡过泓水，正在排兵布阵的时候，公子目夷又劝他趁楚军还没有稳定下来的时候，对楚国发起进攻，宋襄公再次拒绝了目夷的建议。等到楚军排好阵仗，宋襄公才下令击鼓进攻。楚军采取两翼包抄的战术，让宋军四面受敌，陷入了困境。虽然宋襄公本人英勇杀敌，但因为两军的实力相差悬殊了。结果，宋军伤亡惨重，宋襄公虽然拼死得以突围，但腿部却深受重伤。第二天，楚军渡过濉水乘胜追击时，恰逢河水暴涨，一千多名楚军被淹死。由于这次意外，楚军不得不撤军，泓水之战遂告结束。

宋军战败之后损失惨重，朝野上下对宋襄公不听公子目夷的意见颇有埋怨，但宋襄公却仍不以为然。不久，宋襄公因为泓水之战的箭伤复发去世，霸主之梦也随之成为笑柄。

柏举之战

吴国是春秋时期长江流域的一个国家，自吴王寿梦即位后开始崛起，国力逐渐强大起来，不断与楚国争夺江淮地区的霸权。

公元前 506 年冬，吴王阖闾亲自挂帅，以孙武、伍子胥为大将，阖闾胞弟夫概为先锋，率 3 万水陆之师大举伐楚。吴军很快深入楚国腹地，挺进到汉水东岸。之后吴军和楚军在柏举（今湖北麻城境内，一说在今湖北汉川北）对峙，当时夫概认为，楚国的军队虽然庞大，但是首领子常却并不是一个好的将领。楚国上下军心不齐，将士们也没有为国家战死的决心，只要能够打败子常统帅的兵将，再以吴国的精锐部队向楚军发起攻击，一定能够取得胜利。但是夫概的建议并没有被吴王所采纳。

夫概认为人臣应当见义而行，不必待命，如果奋力一战，必然能够攻破（楚国都城）郢都。于是就率领自己手下的五千精兵，全力攻入郢都，并取得了胜利。吴王一看，情势大好，希望乘胜追击，这时夫概说道："困兽之斗的力量是很大的，不如我们等到楚军将要过河的时候再开始战斗。”吴王根据夫概的建议，再次大胜了楚军。

国都沦陷，楚昭王仓皇出逃，一路逃到睢水。为了断后，楚王命令将大象的尾巴上点火，用大象冲散即将追杀过来的吴军。楚王在逃到云中的时候，遇到了强盗的袭击，于是又逃奔到郧国。由于楚昭王的父亲曾经杀死了郧国国君郧公，所以郧公的弟弟一直有杀死楚昭王的想法。无奈之下，楚昭王在将领的保护下又跑到了随国。

这时吴国的士兵已经追杀到了随国，并逼迫随国交出楚昭王。当时由于楚昭王的哥哥子期和楚昭王长得很像，就提议自己代楚昭王受过，但后来经过随人占卜，认为把子期交给吴军是不明智的做法，就没有这样做。吴国暂时撤军，楚昭王为了表示对随国的感激之情，与随国盟誓。

正在楚国上下一片混乱的时候，楚国的大夫申包胥从秦国搬来了救兵，在沂地和吴军相遇，打败了夫概。之后在雍澨，吴楚之间又是一场恶战。一开始楚军被吴军打败，后来秦军的到来又改变了局势，当时楚将子期以火攻的办法击退了吴军，不久，秦楚大军又一次大败吴王。恰好这时候吴国内部发生变乱，于是吴王在小胜楚国之后，俘虏了楚国的大夫闉与罢就班师回国了。而在回吴国的路上，闉与罢趁吴军不注意的时候趁机又逃跑了。

最终，在秦国的帮助下，楚昭王得以复国，并回到了都城郢。然而这次战争已经使楚国元气大伤，不久，楚昭王迁都至鄀。吴国虽然也有损伤，但是相对较小。这次战役也为吴国之后的称霸奠定了军事和外交上的基础，吴国得以从一介小国发展壮大起来。

柏举之战是我国春秋时期规模较大的一次战役，这场战争前后历时超过十个月，吴国出动了三万左右的兵力，楚国则基本上举全国之力，先后有十二万军士投入了这场战斗。在作战方式上，出了步兵、水师，甚至连动物也被运用到战斗中，出现了象群作战，这在整个春秋战国时代都是罕见的。在这次战争中，有十几个局部的战场同时进行战斗，并迫使楚国的国君逃亡，曾经的霸主也沦为流徙之辈。吴国在此次战役中获得了空前的名声，成为东南一带的军事大国。

宜阳之战

战国中后期，西部的秦国吞并中原各诸侯国的野心不断膨胀。为了加快统一天下的步伐，秦国发兵控制了西北边陲地区的局势，在张仪“东进计划”的指导下，秦国军队一路向东进发。但是，要想进一步东进，必然要经过韩国的宜阳，只要攻占了宜阳城，不仅可以轻易地拿下韩国，而且东方的大门也会因此向秦国打开，这样一来，统一天下的目标就指日可待了。

当时秦国的君主是秦武王，为了增加获胜的概率，秦武王不断对韩国周围的诸侯国威逼利诱。首先，秦国派人出使魏国，提出要与魏国交好，为了防止魏国过后反悔，秦武王还专门与魏国国君签订了盟约。

其次，秦武王又派冯章南下出使楚国，以奉还之前秦国夺取的楚国领地为条件，要求楚国在之后秦国和韩国交战时保持中立。楚国当时的君主是楚怀王，经过连年的战争，楚国的国力已经大不如前，楚怀王的抗秦之心也几乎消失殆尽，听到冯章要以失地换取中立的条件后十分高兴，马上一口答应下来。

在和韩国相邻的楚国、魏国都协商好之后，秦国彻底掐断了韩国的救援军，在这样的情况下韩国可以说已经到了孤立无援的境地，一旦开战必然会战败。

当把一切都安排好之后，秦武王向韩国发出了最后通牒，如果韩国能在这时候主动将宜阳城献给秦国，秦国可以答应放韩国一条生路。秦武王本以为韩国会被自己的国力所迫甘愿献出宜阳城，但没想到这一要求遭到了韩国国君坚决拒绝，在几次和谈均没有达成一致意见后，秦武王最终失去了耐心。

自战国初期开始，韩国就因为国力过于弱小而一直处于被他国侵犯的状态。韩国地理位置不佳，并且四周的诸侯国实力都远远超过韩国。与韩国西面紧邻的是如狼似虎、野心勃勃的秦国，北边相邻的魏国虽然实力没有秦国强大，但与韩国相比较，无论从军事还是经济上都要比韩国强大得多，这样一个状况让韩国吃尽了苦头。

韩国除了在地理位置上处于劣势外，还有另外一个重要的原因，那就是多年以来韩国一直没有出过一位德才兼备、大有作为的贤能君主，这也是后来导致秦国对宜阳虎视眈眈，进而发生宜阳之战的原因之一。

韩国的都城最初定在平阳，但让当时的韩国君主感到十分无奈的是，离平阳不远的地方也分布着其他诸侯国的城邑，而且都驻有重兵，在这样的环境中求生存无疑是一件很困难的事。因此，当时刚刚继位的周威烈王便让韩国将都城迁往宜阳。

宜阳的地理位置确实要比平阳好很多，它位于宜水的北面，南面就是地形险峻的秦岭，西面有崤山作为屏障，优越的地理位置可以说是大自然给予的天然保护伞，不用人为地大规模修建防御工事，就可以做到一夫当关、万夫莫开。

除了优越的地理位置之外，还有一个重要的原因促使周威烈王让韩国将都城迁到宜阳。那就是宜阳西面的地区原来是虢国的旧地，经过数百年的精心治理，那里的经济水平已经相当高，社会氛围也很安定。在宜阳的东南方向是一片地势开阔的平原，物产极为丰富。

天然的地理优势加上附近地区的繁荣，把都城迁到宜阳对韩国的战略发展来说起到了极大的推动作用，对外可以有力地抵抗其他诸侯国的入侵，对内也能够较为顺利地发展农业和商贸，从而加速韩国的经济发展。

对于韩国来讲，宜阳是一块不可多得的风水宝地，凭借它的优势，韩国的国力定能得到飞速的发展。但是对于一心想要称霸天下的秦国来说，决不会容忍任何一个诸侯国发展壮大。因此，韩国必然是秦国要拔除的钉子。

公元前 308 年，秦武王派大将甘茂率领大批军队由潼关进入河南西部地区，然后绕过函谷关和陕城，到达崤山。之后由崤山开始一路向南挺进，渡过永昌河和洛河等几条河流之后到达大军的最终目的地——宜阳城下。

军队刚到宜阳城下，甘茂来不及让士兵们休息，就下令向宜阳城发起了进攻，但宜阳城并没有想象中那样容易攻破，秦军先后三次发动突击都没有攻进城去。

这样的情况并不奇怪，虽说韩国实力弱小，但宜阳城作为国家的都城，韩国国君肯定会派重兵把守，况且宜阳城内经济繁荣，有强大的物质基础做后盾，士兵们心里也有了底气，上阵杀敌也比以前勇猛得多。

由于甘茂之前对战争局势做出了过于乐观的估计，导致在三次攻城皆败之后，秦军死伤人数迅速增加，战斗力也明显下降。这时候，当初答应保持中立的楚国也单方面撕毁了合约，转而和韩国结盟共同抗击秦军。

考虑到双方兵力相差悬殊、宜阳城难以攻破的情况，甘茂对作战方法重新进行了调整，他决定速战速决，因此，他在众将士面前下了死命令，如果下次对宜阳城发动进攻还是以失败告终的话，他就将宜阳当作是自己的坟墓，就算战死在这里也心甘情愿。

除此之外，为了鼓励将士，甘茂甚至拿出了自己多年来积攒下的钱财，他将这些钱财分发到将士们手中，作为对他们英勇杀敌的奖赏。甘茂的决心给将士们带来很大的触动，第二天再次向宜阳城发动进攻的时候，战士们一个个如狼似虎般冲向韩楚联军。一场惨烈的厮杀之后，韩楚联军被秦军猛烈的进攻势头所压制，秦军越战越勇而联军却开始节节败退，最终溃不成军，宜阳城被秦军占领，城中六万多韩军全部战死。

不过，经过几年休整之后，公元前 298 年，韩国出兵又将当年被夺取的宜阳城收复回来。但这种局面持续的时间并不是很长，之后，已达成联盟的韩魏两国国君去世，力主抗秦的齐国孟尝君也被罢免了职务。这样的形势对于秦国来说是一个绝佳的进攻时机，因此，此时的秦国国君秦昭王立刻发兵前往宜阳。为了避免出现上次楚国背叛的情况，这次秦军一面进攻宜阳，一面控制了魏国的一些重要城池。

虽然韩魏两国派重兵抵抗秦军的进攻，但是面对秦军能征善战的将领白起，联军仍然很难取胜。在受到秦军重创之后，又成了瓮中之鳖被秦军全歼。宜阳之战也由韩魏的战败而结束，宜阳城就再次被划入秦国的范围内。

桂陵之战

战国时期，魏国经过一系列有效的改革措施，军事实力和综合国力得到了迅猛的发展，并且屡屡称霸中原，这给秦国、楚国、齐国、赵国等诸侯国中几个实力较为强大的国家带来了不小的压力，认为魏国对他们产生了很大的威胁。其中，以魏国和赵国、齐国之间的矛盾最为激烈。

为了最大程度上减小魏国带来的压力和威胁，公元前356年，赵国国君赵成侯先后同齐威王、宋桓侯、燕文公等几位君主进行了洽谈，并最终取得了联合。

赵国的这种行为让魏惠王十分不满，但一直找不到合适的机会和借口攻打赵国，直到公元前354年，赵国发兵进攻卫国，想逼迫卫国归顺，魏惠王觉得时机已经成熟，便以保卫卫国为借口派重兵将赵国的都城邯郸包围，赵成侯见事态紧急，便赶忙向齐国求助。

齐威王觉得事关重大，自己一时也想不出好的解决办法，于是召集群臣共同商量对策。经过商讨，最终有了两个方案供齐威王选择，一个是邹忌提出的置之不理、不予救援的方案，另一个则是大将段干朋提出的出兵营救方案。

邹忌认为，如果齐国答应营救赵国，很容易引火烧身，况且每次战争都会损耗人力物力，魏国实力雄厚难以对付。如果发生战争，肯定会对魏国的国力造成一定的影响，不如明哲保身，坐山观虎斗。

大将段干朋的理由也很充分，他认为齐国和赵国本来就是盟友关系，如果不救，会影响齐国的声誉。另外，营救的时机也很重要，如果马上派兵的话，赵国和魏国都不会受到较大的损失，这对齐国来说则很不利。针对这个情况，段干朋主张，先不要去邯郸救援，任凭两国相互厮杀，这样可以同时消耗两国的国力，另外，派兵攻打魏国的襄陵，分散魏国注意力。等到双方的兵力快要消耗殆尽时再去邯郸正面交锋。

段干朋的这项计划对于魏国来说有百利而无一害，因此，齐威王最终同意了他的建议。随后，齐威王先后分出两路大军，第一路与宋国和卫国的军队组成联盟军南下进攻魏国的襄陵；第二路暂时不发兵，等到赵国和魏国全部疲惫之时再以最快的速度赶往邯郸，力求一举成功。

在当时，魏国不断向外扩张也引起了楚国强烈的不满，这次趁着魏国大举进攻赵国、国内兵力薄弱的机会，楚国命大将景舍率军攻打魏国的南部地区。这时和楚国一样看到魏国兵力空虚的还有秦国，趁此机会，秦国也先后发兵对魏国河西要地进行了猛烈的攻击。

这样一来，魏国就陷入了四面被围攻的困境，但是大将庞涓却并没有因此而放弃攻打赵国的机会，在对赵国的战争中丝毫没有受到他国侵扰的影响，牢牢掌握着战场的主动权。

在僵持了一年多以后，不论是魏国还是赵国，两方的军队都处于异常疲惫的状态，这时候齐威王认为与魏军决一死战的时机已经成熟，于是命田忌为主将，孙膑为军师，率领齐国的主力军队进发邯郸营救赵国。

在战争开始之前，田忌就已经拟订好了战略计划：直奔邯郸与魏军展开正面交锋。但军师孙膑对这一计划并不赞许，认为魏军兵力虽有所消耗，但战斗力仍不可小视，针对这一点，他提出了“批亢捣虚”、“疾走大梁”的战略计划。

对此，田忌感到十分不解，于是向孙膑请教，孙膑解释说：“要想将一团杂乱的线解开不是一件容易的事，最忌讳的就是直接用蛮力拉扯，将几个聚到一起打斗的人拉开也是一样，自己不能直接加入打斗中，这个方法也适用于派兵解围，不能同对方硬碰硬，最好采用‘批亢捣虚’的方法。所谓‘批亢捣虚’就是指要避开对方的主力，寻找对方的弱点，然后对弱点进行重点攻击，由此一来对方就会产生战争局势对自己很不利的感觉，随后他就会开始担心是否还有退路，这样自然会容易攻破。”

接着，孙膑又对魏军的现状进行了分析：赵国和魏国之间的战争已经持续了一年左右，现在在邯郸城外的魏军全部是魏国的精英，而留在城内保护城邦的，大部分是一些年龄较大、身体较为虚弱的士兵。

因此，针对这个情况，孙膑建议田忌应该挥兵进攻魏国都城大梁，将通往魏国的交通要道切断，防止有援兵过来，这样一来在邯郸的魏军肯定会抽出一部分人回大梁增援。趁着这个机会，齐军就可以同赵军合力攻打魏军的剩余军队，从而就能将邯郸从危险中解救出来。

田忌采纳了孙膑的这个策略，率领齐军的主力部队全速向魏国都城大梁进军，并迅速将大梁城包围，然后发起了猛烈的进攻。

大梁不但是魏国的政治中心，更是经济、文化和军事中心，由于此时被齐军包围，城内魏军不得不全力抵抗齐国的进攻，情况十分危急。在邯郸作战的魏军迫不得已，只好抽调了一部分军队赶回大梁营救，只剩下一小部分军队坚持在邯郸同赵军僵持。

负责营救大梁的军队由主帅庞涓带领，庞涓性情急躁，生怕齐军在魏国援军赶到之前就把大梁攻陷，于是下令全军全速前进。

所有的一切都在孙膑的计划下有序进行，孙膑事先对附近的地势地形进行了仔细地观察和分析，发现桂陵的地形特别适合作战，而且桂陵又是魏军回大梁的必经之路，因此，孙膑最终决定在桂陵与魏军决一死战，可以说自战争一开始，主动权就已经牢牢掌握在齐军的手里了。

由于和赵国的战争持续了太长时间，魏军的兵力消耗很大，加上连日赶路，士兵的体力也下降了很多，显得异常疲惫。当齐军进入桂陵以后，事先埋伏好的齐军一拥而上同魏军进行了正面对决。

面对斗志昂扬的齐军的攻击，魏军难以招架，虽然开始还能咬牙坚持，但后来由于体力衰竭渐渐丧失了斗志，开始边打边退，直至陷入了完全被动的局面，只有招架之功没有还手之力。长久以来没有对手的魏军这次被齐军重重挫败，元气大伤。

邯郸城里的赵军见魏军的主力部队已经撤走，只剩一部分战斗力稍差的军队留守僵持，便打开城门冲出来主动攻击，又听说魏军在桂陵被齐军打败的消息，赵国将士顿时有了底气，他们与另一支增援邯郸的齐军一起越战越勇，而魏国士兵却阵脚大乱，没过多久便全线溃逃。赵齐联军乘胜追击歼灭了部分魏军，之前陷入危机的邯郸也顺利脱险。

同时，桂陵作战齐、魏两国军队，由魏军的惨败而收场。

马陵之战

虽然在桂陵之战中，齐、魏两国的国力都受到了不同程度的影响，但两国的基础较为扎实，因此这点损失并不能导致他们的国力迅速衰减。尤其是魏国，虽然此前在桂陵之战中所受的创伤较为严重，但并没有伤到元气，在短暂的调整后很快便恢复了生机。

齐国作为桂陵之战的获胜方，自然受到的影响较小，在尝到胜利的喜悦后，齐国也开始为争夺更多的利益而蠢蠢欲动。

公元前 341 年，魏国出兵向韩国进犯，韩国深知以自己的能力根本无法同魏国抗衡，便急忙派遣使者到齐国求救。

齐威王感到这件事关系重大，便将大臣们召集到一起商量对策，一番讨论过后出现了两个方案，一个是田忌提出的出兵救韩，趁机与韩国组成联盟共同打击魏国；另一种方案是邹忌提出的不主张出兵，最好不要陷入他国战争的旋涡中。

双方各讲各的理，齐威王难以抉择，便询问孙膑的意见，孙膑说："救是肯定要救的，但是救的时机和方式很重要，如果能'深结韩之亲，而晚成魏之弊'就再好不过了。所谓的'深结韩之亲，而晚成魏之弊'指的就是，先明确向韩国表示齐国一定会出兵相救的态度，促使韩国拼尽全力与魏国大军相僵持。当韩国兵力受损严重的时候齐国再发兵迅速过去救援，这样一来既能得到一个好名声，还尽可能地多占取利益，一举两得，何乐而不为。"

齐威王听后豁然开朗，马上采取了孙膑的建议，把齐国一定会出兵营救韩国的消息告诉了韩国使者。

韩国上下听到这个消息，人心振奋，士兵变得异常勇猛，拼死抵抗魏军的进攻，但情况并不乐观，仍旧屡战屡败，只好再次向齐国发出求救的信息。

而魏军几番作战后也异常疲惫，齐威王趁着这个机会命田忌和田婴为将军，孙膑为军师，率军直逼大梁。

眼看魏国就要把韩国灭掉了，不料齐国出兵救韩破坏了魏国的计划，这件事让魏惠王感到十分恼怒，于是放弃攻韩，命太子申和庞涓二人率领十万大军尾随齐军，与齐军决一死战。

虽然齐军与魏军相比，兵力相差悬殊，但齐军军师孙膑仍旧淡定自若，从容不迫地指挥军队，他知道，魏军只是表面上看似强大，但战斗力并没有齐军强，因此战胜魏军并不是一件不可能的事。根据对魏军将领的了解，孙膑判断出魏军一定会急于求战而贸然进攻。针对这一点，他采取了假意示弱、诱敌深入的计策。

在对战场条件进行了仔细的研究后，孙膑决定用缩减炉灶的方法使魏军放松警惕，然后设下埋伏，将魏军一网打尽。因此，可以说齐军从战争的初期就已经掌握了主动权，一切都在齐军的操控之中按部就班地进行。

魏军在赶上齐军后马上对齐军发动了进攻，按照事先策划好的步骤，齐军且战且退，后来干脆放弃抵抗，直接逃命。

为了不让魏军的将领起疑心，孙膑下令减缓军队的逃跑速度，故意让魏军有一种快要追上却还是有一段距离的感觉。

逃了一段路程，齐军按照孙膑事先安排好的方法，开始“减灶”。

第一天，孙膑命人挖了够十万人煮饭用的灶坑，第二天挖的灶坑就缩减到刚够五万人用的量，第三天挖的灶坑仅仅够三万人用的量，从而营造出一种齐国军队人数大量减少的假象。

虽然魏军的将领庞涓和孙膑是同一个老师教出来的学生，但是庞涓的水平比孙膑要差得远，他心骄气傲，做决定的时候往往很鲁莽，不会过多地思考，这些也是他的致命缺点。

在连续追击了三天后，庞涓发现齐军的锅灶发生了明显的变化，数量在急剧减少，再加上这些天齐军一直尽量避免和魏军发生正面冲突，由此他开始认为齐军差不多已经处于溃败的边缘，剩下的人数只是原来的一半，于是开始变得得意忘形起来。

想到剩余的齐军对数量庞大的魏军来说根本产生不了多大的威胁，庞涓便带领一少部分骑兵轻装前行，快马加鞭地追赶“落荒而逃”的齐军。

孙膑在得到庞涓中计的消息后喜出望外，估算着以庞涓所率骑兵的前进速度，应该在日落时分就能到达马陵一带。马陵一带分布着很多树林，道路狭窄，地势险恶，非常适合隐蔽埋伏。

于是，孙膑利用这里有利的地形，派出一万名弓箭手在道路两旁做好埋伏，以夜里的火光作为行动的信号，看到火光马上放箭，又命人将路边的一棵大树剥掉树皮，在上面刻上“庞涓死于此树之下”几个大字。

孙膑的预测果然是正确的，庞涓所率领的骑兵队伍在日落时分到达马陵，并进入了孙膑事先安排好的埋伏区域。走着走着，庞涓发现路边有棵树上刻着几个字，但因为光线太暗看不清楚，于是命人点起火把照亮。

埋伏在树林中的齐军看到火光亮起，就按照事先约定好的行动搭弓放箭，庞涓一行人还没来得及看清树上究竟刻的是什么字，两旁埋伏好的齐军就已经万箭齐发，由于没有防备，魏军伤亡情况很严重。

突然的袭击让魏军受到了很大惊吓，顿时阵脚大乱。此时齐军将士从树林里冲出来与魏军展开了近距离的战斗，由于军心大乱，魏军根本无心作战，因此没过多久就溃败而逃。

这时候的庞涓丝毫没了当初的得意，面对孙膑的计谋，庞涓现在已经是黔驴技穷，想不出一个能缓解战况的办法。身边的士兵一个接一个地倒下，眼看大势已去，庞涓又羞愧又恼怒，为了不做齐军的俘虏，庞涓含恨挥剑自刎。那棵原本是孙膑为了吸引庞涓注意力的树，最终竟然真的成了庞涓死去的地方。

趁着魏军溃逃之际，齐军乘胜追击，一路上多次击溃魏军的抵抗，先后共歼敌军数十万人，太子申也没有幸免于难，被齐军生擒做了俘虏。

至此，齐、魏两国在马陵的战役彻底结束，齐国以少胜多取得了这次战争的胜利。

河西之战

早在春秋时期，河西一带就是秦国和晋国反复争夺的重要地区。公元前645年，在韩原之战中秦国大败晋国，并将晋惠公抓获，无奈之下晋国只好用河西少梁一带的土地作为交换，赎回晋惠公。

几年后，晋国发兵攻打秦国，并顺利将少梁收复。虽然后来秦国也屡次发兵争夺河西，但都没有成功，一直被晋国的军队所压制。三家分晋后，魏国占领了少梁，考虑到数十年来秦国一直对河西虎视眈眈，魏国便采取了修筑长城防御秦国入侵的策略。

在经过长期的休整后，公元前418年，秦国再次兴兵进攻魏国，企图强占河西，但因双方的军事实力相差太大，秦国再次以失败告终。无奈之下，秦国只好效仿魏国，开始在秦国边境修筑防御工事，在此后几年时间里，双方在河西一带的局势由战争转入相互防御。

魏文侯登基后为魏国的发展制订了一套详细的计划，就是向东进攻中原地区，将魏国的领土逐步扩大，并实现称霸中原的最终目标。而想要东进就必须要出河西，虽然河西暂时被魏国控制，但是一直跃跃欲试的秦国却是一个相当大的不安定因素，因此秦国就成了魏国称霸中原所要抑制的第一个目标，只要将河西牢牢控制住，不给秦国乘虚而入的机会，秦国所有的战略企图就会统统被遏制住，魏国也才能顺利地东进中原。

公元前413年，魏国派大将军吴起率军西征，秦军启动河西防线，但因魏军的作战能力过于强大，最终河西防线全线崩溃，魏军顺利地占领了郑地，这对于有着秦军“粮食仓库”的渭河平原来说，无疑是相当严重的威胁，更为严重的是，魏军在占领郑地之后，主力部队并没有撤回魏国，而是原地休整，摆明要向秦国都城进发。

看到秦国危在旦夕，秦国试图说服楚国和齐国一同抗击魏国的进攻，可是就算齐、楚两国火速派兵救援，也不一定能压制住魏军在河西战场的凶猛攻势。

这时魏国再次发起了进攻，由魏国太子亲自率军渡过黄河，大批魏军进入秦国境内，虽然秦军拼死切断了魏军的后路，但大将吴起凭借他出色的战略指挥仍旧打了一场胜仗，先后攻占了秦国临晋、元里、郃阳、洛阴等地。

在魏军的猛烈进攻下，仅仅过了短短几年，方圆百里的河西就被魏军全部占领。虽然秦国明白失去河西意味着魏国已经打开了秦国东西的大门，虽然也想再次调遣军队反抗和阻止，但迫于国内爆发了内乱，只好放弃。

在完全控制河西后，吴起下令在河西周边派重兵把守，这样的做法进一步巩固了魏国对河西的控制权。之后吴起便开始了对河西的治理，治理时期河西附近的秦国人甚至都不敢扭头向河东地区看一眼。

河西局势稳定后，魏国继续北上发动扩张战争，并屡次获胜，魏国的领土也因此不断地扩大。之后，魏国又在位于洛河东面、黄河北面的地区设立上郡。没过多久又攻占了陕北，从而进一步遏制了秦国连通中原的交通要道，秦国的发展也因此受到很大的阻碍。

但秦国并没有放弃，在经过几年的不断积累后，秦国的国力和之前相比有了很大的提高，军事战斗力也有所增强。在沉寂了相当长的一段时间后，公元前 401 年，秦国开始派兵攻打魏国，在此后十年左右的时间里和魏军在河西地区先后进行了多次较量，但始终处于僵持的局面。

公元前 389 年，秦国调集重兵向东面进军，目的就是为了占领洛阴，扫平自己向东发展的一个障碍。经过一场恶战，双方都有很大的伤亡，最终秦国仍然没能攻破魏军的防线，以失败告终。但这次失败也为秦国国君带来了启示，促使他开始寻找令国家发展壮大，军事实力增强的有效办法。

公元前 361 年，秦献公去世，秦孝公即位，即位后秦孝公便推行了选贤任能的政策，因此得到了商鞅等一大批有才之士的辅佐，秦孝公还支持商鞅在政治、经济、军事等方面进行改革，经过一段时间的发展，秦国国力迅速增强，军事战斗力也明显提高，逐步实现了国富兵强的目的。

看到秦国实力一天天壮大，魏惠王隐约意识到日后的秦国肯定是一个巨大的威胁，因此马上命人沿洛河修建长城为抵御秦国而做准备，但是长城已经无法阻挡秦国入侵的脚步，现在的秦国已经不是当初那个任魏国压制的弱小国家。

公元前 355 年，趁着魏国同赵国和齐国交战而无暇顾及河西的有利时机，秦国派兵向河西的重要据点元里发动进攻，歼灭了守城的一万多魏军，最终顺利地攻占少梁。

公元前 352 年，秦国又在魏国同赵国发生战争的时候，趁机派兵进攻，并且顺利拿下了安邑。第二年，商鞅又率军向固阳发动袭击，魏国守军将领知道没办法获胜，便主动献城投降。魏惠王虽然气愤，但因惧怕秦国的实力，只能加紧扩建洛水一带的长城。在进攻接连得手后，秦国的版图不断扩大，实力比之前更加强盛，对魏国的威胁也逐渐增大。

过了几年，秦孝公将都城迁到了咸阳，与之前的都城相比，咸阳交通更为便利，方便同魏军交战。为了减少战争对军队带来的损失，秦孝公决定先派商鞅去魏国，利用商鞅的挑拨来离间魏国同楚国和齐国的关系，最终取得了成功。

公元前 341 年，马陵之战后，秦国趁着魏国兵力严重受损的大好时机，发兵向河西进犯，并一举将魏军打败。几年后，秦国再次向魏国发动进攻，双方在岸门进行了一场激战，魏军再次惨败。

第二年，秦孝公去世，秦昭王继位。几年后，秦昭公命大臣公孙衍率领大军进攻魏国，魏国不甘示弱，派出八万大军迎战，结果再次被秦军打败并且伤亡过半，这一战秦国将河西一带地区划进了自己的领土范围。

公元前 329 年，秦国派出南北两路兵马攻打魏国，南路将洛阴作为战略基地，沿着黄河南岸的桃林通道进攻曲沃和焦两地，最终抵达了魏国在崤山修建的长城之下；北路将河西作为战略基地，绕过黄河进攻魏国的河东地区，分别占领了汾阴、皮氏等地。

之后，秦军又攻打河东地区，占领了蒲阳城。魏国十分惊慌，为了避免被秦国吞并，主动向秦国示弱，表示愿意将上郡的十五个县献给秦国。另外，魏国还表示愿意将黄河以西的全部领地都划给秦国，用这样屈辱割地的方式暂时换来了和平。秦国为了表示诚意，也主动将曲沃和焦两地重新还给魏国，但是由于桃林通道是关中通往中原地区的交通要道，因此还是由秦国来掌控。

到这时，秦国已经完全控制了黄河以西的地方，牢牢掌握着进出中原的交通要道，既可以主动出击，也可以退而防守，在战略上占有绝对的优势，为之后进攻中原奠定了坚实的基础，同时也为统一天下提供了便利条件。至此，一直持续了百年之久的河西之战终于告一段落。

长平之战

公元前 260 年，爆发了一场战国时期最惨烈的战争——长平之战。

赵国自公元前 306 年赵武灵王进行“胡服骑射”的改革后，国力日渐强盛。到了赵惠文王时期，依旧持续着相对安稳的局势。

长平之战的导火索，是秦国、赵国、韩国之间对上党的争夺。上党地处韩国境内，是秦国打开韩国和赵国门户的关键。

此前，秦国耗费了很多精力，打下了韩国的很多城池，终于使韩国屈服，将上党之地送给了秦国。驻守上党的冯亭不愿意归顺秦国，于是便想到了旁边的赵国。

上党的冯亭自愿依附赵国，赵国国君思索再三，还是接受了冯亭的请求。

秦国费了那么大的劲，眼看到口的肥肉一下子被别人抢去了，当然不会甘心，于是在公元前 260 年，秦国出兵讨伐赵国，赵孝成王命廉颇驻守长平。

由于双方实力相差悬殊，赵国军刚与秦军交战，便吃了败仗。不过，廉颇是赵国的老将，在战场上能够根据情况改变兵力部署。于是，他重新调整战术，率领主力退守长平以北，静观其变。

秦军虽然气势强大，但毕竟是在别的国家的领地上作战，如果赵军一直对秦军的攻打置之不理，就会挫伤秦军的锐气，赵军反而可以因此保存实力，等秦军士气衰竭的时候发动攻击，从而一举获胜。

廉颇的退守战术，在赵国国君看来是退缩不前。他不断催促廉颇主动出击，廉颇沉住气，没有听国君的命令。

之后，秦、赵双方进行了一场长达三个月个月的激烈战斗。秦军占领了两处要地。廉颇依旧退守丹河不出，这让秦军吃不消了。接连的战争，让秦军死伤无数，加上廉颇的防守策略，他们的士气有所下降。

在丹河前，双方僵持了三年都没有任何结果。秦国也着急了，在廉颇身上寻找突破口。此时，秦国的范雎提出了“反间计”，利用赵国国君和廉颇之间的分歧做文章。

趁着赵国与秦国僵持的机会，秦国假意和赵国修好。同时，范雎派自己的亲信偷偷潜入赵国，用金银财宝贿赂赵孝成王身边的权臣。

赵孝成王听到大臣们都说廉颇不敢出门迎战，是因为打不过秦军。赵孝成王本来对廉颇的战术就不满意，此时他听信谗言，认为廉颇已经老了，不能再战。于是从廉颇手中收回了兵权，任命赵括为将军，和秦军对战。

赵括是赵国大将赵奢的儿子，由于是大将之后，他从小熟读兵书。对于兵书上的内容，赵括总能对答如流。但他的父亲明白，这个孩子实战经验匮乏，而且有些狂妄自大，只是熟读兵书，根本不足以在战场上打仗。这也是成语“纸上谈兵”的由来。

赵孝成王只知道赵括是名将之后，却不知道赵括的实际能力。听信谗言的赵孝成王，此时已经被战争冲昏了头脑，他只想着打一个漂亮的胜仗，让这场战争尽快结束。

丞相蔺相如了解赵括的实力，他不想让赵国葬送在这个年轻人的手中，于是不断劝谏赵孝成王不要派赵括和秦军对战。赵括的母亲也遵从丈夫生前的意思，将赵括的品行一一告知国君。面对这两个人的劝谏，赵孝成王根本听不进去，他宁愿相信这个赵括能给秦赵之间的对战带来一线转机。

孝成王任命赵括的同时，秦国令白起替换原来的将领王龁。白起很了解赵括的性格，他知道怎样才能让这个年轻人上钩。

赵括到达长平后，不仅将原来的将领更换了，还采取了与老将廉颇截然相反的战争策略。他调兵遣将，准备马上对秦军发动攻击。

赵括的用兵，是白起早就料到的。他佯装退败，引诱赵军追击。赵括自以为将秦军打得节节败退，殊不知，这正好中了白起的诱敌深入之计，只管命令赵军在秦军后面穷追不舍。

气势汹汹的赵军追到一个峡谷中，陷入了秦军的包围圈。秦将司马错、司马梗等人把赵军的后路切断，秦军的骑兵也瞬间从两边涌了上来。赵军被秦军里三层外三层地包围起来，已经没有撤退和还手之力，于是变换战术进行防守，等待着部队的救援。

消息传到赵国国都，赵孝成王马上派兵前往救援。秦国得知此事，也马上出兵，占据了长平的后方大营，彻底切断了赵军和后方的联系。

赵军被秦军围困一个半月，得不到救援。全军将士时刻处于备战状态，但是没有充足的食物补充体力，如果不杀出重围，那只有等死了。赵括也不断地派骑兵，想要杀出这个包围圈，只可惜，白起早就安排好了一切，他们没有一个人能从这里出去。

万般无奈，赵括亲自带兵杀出，结果被秦军的乱箭射死。赵军将士的精神已经到了崩溃边缘，赵括一死，他们再也坚持不住了，纷纷缴械投降。四十万兵士，全部将兵器卸下，等着秦军给他们一条生路。

但白起是不会让这些人安然回家的，他没有对这些投降的士兵采取宽容的态度，而是将这四十万将士全部坑杀，只留下年龄较小的两百多人送还给赵国。

赵军被坑杀的消息传到邯郸，赵孝成王除了后悔、悲痛之外，就是把除了赵括母亲以外的赵括三族全部诛杀。长平战败，让刚刚有了点起色的赵国再也无力和其他诸侯国作战，整个赵国笼罩在悲哀的阴云中。

巨鹿之战

秦朝末年，由于秦二世荒淫无道，使百姓们揭竿而起。继陈胜、吴广的农民起义之后，原楚国大将项燕的儿子项梁也招兵买马，加入了反秦队伍的行列。

项梁从小熟读兵法，懂得排兵布阵。楚国被秦所灭后，作为楚国将领的后代，项梁心中始终怀着有朝一日能复兴楚国的念头。

项梁有一个侄子，叫作项羽。项羽从小就不喜欢读书，这让项梁很发愁，以他长远的目光来看，不读书肯定不能成大事。不过，叔侄二人毕竟是名将之后，既然项羽不肯读书，学武也可以建功立业。结果，项羽还是学不下去，项梁问他想学什么，项羽只说学习能敌万人的本事。

项梁因为曾经杀过人，就带着项羽躲到了会稽郡。听到陈胜、吴广起义的消息，他们认为这是一个非常好的时机，于是直接杀了会稽郡守，完全控制了县府。

夺取了政权，没有自己的势力不行，项梁就召集当地的一些官吏，将秦二世无道、郡守不明大义的话告诉了他们。人们听了项梁的话，觉得非常有道理，就支持他们起兵反秦。项梁接管了吴中的统辖权，带领八千精兵，开始了反秦之路。

在起义的路上，他们夺取了一些郡县，引得很多人再加入进来，他们的实力一天天壮大。在这个过程中，一个只有一百多人的队伍也加入了进来，这支队伍的带头人就是刘邦。

与此同时，此前被秦所灭掉的赵、韩、齐等国，其贵族势力也乘进纷纷宣称复国，并组织兵马抗秦。为了让自己的军队师出有名，项梁采取了谋士范增提出的建议，他把楚怀王的孙子找来，仍做楚怀王，以此为号召，吸引更多人的加入，反秦也有了更好的理由。楚怀王号称武信君，项梁的政权从此建立了起来。

之后，项梁的军队在和秦军的战斗中，打败了大将章邯，斩杀了秦丞相李斯的儿子李由。此时项梁掉以轻心，认为秦军也没什么大本事。

但项梁却不知道，章邯败退后，并没有放弃攻打他们，而是再次补充兵力，进行反扑。项梁此时毫无防备，在战争中被杀，楚军将领项羽、刘邦都撤至彭城。

此时形势调换过来，章邯打了胜仗，觉得楚国政权的中心人物已经被杀，没有了来自楚国的威胁，于是就放心地率军北上，联合秦将王离攻打赵国。

王离的军队攻破了邯郸后，赵王逃往巨鹿。王离的军队围在巨鹿城外，章邯的军队则驻扎在离巨鹿不远的棘原，为身处前线的王离提供物资和粮草。他们做好了长期的战斗准备，不着急把巨鹿城攻破，而是等待敌方的援兵到来，将他们一举歼灭。

巨鹿城被围困三个月，秦军还是按兵不动。埋伏在城外的陈余本来要帮助赵王抗击秦军，因为兵力不足，只能在城外守着，等待援兵到来。赵王被围困在巨鹿城内三个月，耐不住性子了，他派人催促陈余赶快把自己解救出去。陈余就以五千人马为先锋，冲杀进去，结果被秦军战败。

项羽急于为项梁报仇，主动请缨攻打咸阳。楚怀王了解项羽，怕他暴躁的性格坏了大事，就派性格相对沉稳的刘邦去了。

此时赵国来向楚国求援，楚怀王就命令项羽跟着宋义去救援赵国。宋义率军走到安阳就停了下来，并且命令军队长时间休整。项羽催促宋义尽快前进，宋义不但不听，反而嘲笑项羽不懂谋略。

项羽一气之下，把宋义杀了。宋义死后，军队就归项羽掌管，项羽得到军权，迅速调整战略，率军继续前进。

之后，项羽派两万人为先锋，切断秦军运送粮食的通道，让王离和章邯的军队不能相互支援，然后率军渡过黄河，抵达漳河。渡河后，项羽令全军将士准备三天的干粮，把做饭用的釜甑等用品全部砸掉，渡河用的船只也全部凿沉，告诉将士们只能前进不得后退，三天之内打退秦军。这就是著名的典故——“破釜沉舟”的由来。

断了后路的楚军，不得不拼死战斗。在击杀秦军过程中，将士们个个都毫不退缩，全力拼杀。在其他国家不愿意派兵支援的情况下，项羽的军队士气振奋，不惧死的精神让秦军震撼。

此后，项羽数次打败秦将王离，最后活捉王离。巨鹿城中的赵王打开城门，被眼前楚军的阵势吓到了，一时没有反应过来怎么回事。

经过巨鹿之战，项羽在军中名声大震，各诸侯国的将领被项羽召见，都跪在地上不敢抬头。项羽因此被选为诸侯联军的首领。

巨鹿一战，秦军大败。但章邯还是没有放弃，他重整旗鼓，准备回头再来。面对项羽军中的气势，章邯选择了漳河这个好地方，准备以守为攻。章邯依靠着坚实的物质基础，构筑起防御工事。

项羽大败王离后，迅速率领诸侯国的联军追杀过来。章邯因有意避免和项羽的主力产生冲突，坚守不出。

巨鹿的战败，让秦二世非常恼火。章邯的军队面对项羽的叫嚣又不予理睬，只是一味地退让。秦二世派人不断催促章邯迎战，章邯外部受敌，内部又遭到秦二世的催促，心里不免慌乱。

不久，赵国将领司马印的军队攻入河西郡，准备攻占漳河附近的其他两个郡县，切断章邯的粮道。而刘邦率军先司马印一步攻占了其中的孟津郡，司马印很不痛快。

章邯趁刘邦、司马印两人不和的时机，马上派司马欣回咸阳搬救兵。结果司马欣等了几天，连秦二世的面都没有见到，此时正是赵高把持朝政，他不会让不利的战事传到秦二世的耳朵里。司马欣听说赵高要杀了自己，于是火速返回了军营，才免于一死。

司马欣没有搬到救兵，反而被赵高追杀，章邯知道战争可能无法持续下去了，加上别人劝说他投降项羽，章邯分析其中的利害之后，于是就派人找项羽和谈。公元前 207 年，项羽接受了章邯的投降。

由此，巨鹿之战以项羽的最终胜利而结束。

界桥之战

东汉末年，袁绍与公孙瓒之间因为争夺河北的控制权而发生了一场大战。

当时袁绍的实力尚有不足，他畏惧公孙瓒的攻势，派人将自己的渤海太守印送给了公孙瓒的弟弟公孙范，想以此来讨好公孙瓒。谁知道公孙范到了渤海郡，立即集结部队支援公孙瓒。公孙瓒的大军一路南下，又接连击败和收编了当地数万的黄金起义军，声势越来越壮大。

公元 192 年，袁绍驻军广川县，与公孙瓒在界桥（今河北威县境内）南二十里处摆开阵势。公孙瓒率领三万精兵排成方阵，两旁是一万精骑．而袁绍手下大将麹义正面只有八百人马，两侧也只有几千各弓弩手。公孙瓒仗着自己人多势众，丝毫没有将对面的袁绍军队放在眼中于是在他先令骑兵出阵去迎击麹义的步兵。

麹义常年在凉州居住，熟练掌握羌族的作战方式，他的将士也都一个个英勇善战。面对冲击而来的敌人，麹义命令士兵们先躲在大盾下面不要动，等到对方的骑兵冲到跟前的时候，再突然站起来，扬起尘土，大声喊叫，直接扑向敌人。

同时，在后面埋伏的弩手也箭矢齐发。公孙瓒的骑兵被这雷霆一击的攻势打得措手不及，死伤无数，骑兵主将严纲也被麹义生擒。袁绍挥军乘胜掩杀，公孙瓒大败而逃，死伤不计其数。

界桥一战，袁绍大获全胜，不仅巩固了自己在益州的地位，同时也改变了河北之争的实力对比。公孙瓒兵败后，实力大为折损，元气再也没有恢复过来。

界桥之战失败后，公孙瓒收拾残部退回幽州。没过多久，在和刘虞争夺幽州的战斗当中，公孙瓒将天下闻名的刘虞擒杀。夺得了幽州控制权的公孙瓒开始傲慢自大起来，他不体恤百姓，对和自己有过旧怨的人更是睚眦必报，性格也变得越来越极端。

公元 199 年，袁绍决意铲除这一劲敌。他调遣兵马，将公孙瓒团团围住。公孙瓒派人向屯聚在黑山的驻兵求援，想要里外夹击袁绍的部队，并且以举火为号。但是送信的信使却被袁绍给擒住了，袁绍便将计就计，按照书信当中约定的时间举火，引诱公孙瓒出阵。

公孙瓒中计出城，袁绍设下埋伏，大败公孙瓒，公孙瓒见大势已去，自知已无法挽回败局，于是将自己的孩子和妻子尽数杀死，然后引火自焚。

官渡之战

公元 196 年，曹操迎汉献帝至许昌后，有两股势力对曹操构成了威胁，其中一股便是河北的袁绍。袁绍在消灭了公孙瓒之后，势力已经覆盖了冀、幽、青、并四州的广袤疆域，其麾下有强兵十余万，成为黄河以北当之无愧的霸主。到此时，对于袁绍来说，最大的敌人就是“挟天子以令诸侯”的曹操。

虽说此时曹操的势力是蒸蒸日上，但是和北面的袁绍比起来，无论是从兵力、经济还是人才方面都有着很大差距，所以，曹操对于袁绍一直都采取怀柔的政策，不断地向袁绍示好，以此来争取时间、积聚实力。

袁绍和曹操相比之下，袁绍占很大的优势，但是袁绍那种缺少谋断、优柔多疑的性格特点显露得非常明显，也因为这样，袁绍慢慢地失去了很多优势。在曹操迎奉汉献帝至许昌之前，袁绍手下就有个谋臣向袁绍进献了“挟天子令诸侯”的策略，并且奉劝袁绍将汉献帝接到邺城，不过袁绍缺乏远见，放弃了这个唾手可得的机会。等曹操将这一策略实现了，袁绍才开始后悔，同时又派出使者和曹操商量，想将天子接到邺城，但是曹操拒绝了袁绍这个无理的要求。

没过多久，曹操就以天子之命将袁绍封为太尉，然后将自己封为大将。收到策命后，袁绍知道自己位列曹操之下，气得火冒三丈，当即拒绝接受策命，同时破口大骂：“曹操早就该死好几次了，要不是当初他处于危难时我出手相救，他哪能活到今天。现如今他竟然敢背弃曾经的恩情，挟持天子来命令我了，可是不得了！

曹操知道以后，即刻将大将军的职位辞去，转任司空，接着就把大将军的高位送给了袁绍，同时加封袁绍为邺侯。但是袁绍仍然不依不饶，虽然表面上接受了大将军的职位，仍然推辞掉了邺侯的封号，以此表示对曹操的不妥协。

就这样，袁绍和曹操之间的矛盾越来越明显，爆发战争也是迟早的事。公元198年，曹操举兵进攻吕布，吕布被杀。至此，黄河以南地区全部归曹操占领，这也形成了足以和袁绍抗衡的实力。

为了战胜强大的袁绍，曹操做了非常周密的部署：他采取以攻为守的战略，派遣大将臧霸率领精兵攻入袁绍控制的青州，占领北海、东安等地，以此牵制袁绍达到巩固自己右翼的目的；同时又命于禁率军驻守黄河南岸的重要渡口延津，协助太守刘延阻止袁绍大军渡河；而曹操自己则亲率主力在官渡一带筑垒固守，迎击袁绍的正面进攻。

曹操知道自己实力不如袁绍，同时也非常了解袁绍，知道袁绍是个做事优柔寡断的人，在关键时刻犹豫不决，所以他果断放弃了分兵把守黄河沿线的方法，采取集中兵力把守各个隘口的策略。

再看袁绍，正像曹操了解的那样，在决定成败最关键的时刻，袁绍暴露了自己优柔寡断的弱点。先是起兵南下时，袁绍的谋臣对出兵时机的问题发生了争执，意见一直得不到统一，这时候本应该果断做出选择的袁绍却犹豫不决起来。之后，谋臣们因捉摸不透袁绍的心思，私下里就相互说对方的坏话，袁绍一时乱了手脚。

公元199年，袁绍挑选精兵，准备渡过黄河南下。这个时候却传来了刘备占据徐州、准备起兵反曹的消息。对于这样大好的时机，谋臣田丰力谏袁绍，建议出奇兵袭击曹操的后方，这样能够稳定局势，但是袁绍却以自己的儿子生病为由，拒绝了田丰的建议。田丰极度失望，狠狠地将手杖摔在地上，长叹一声："遇到这样难得的机遇，竟因为孩子的疾病而放弃，可惜！"没过多久，曹操就亲征徐州，刘备落败，袁绍失去了两面夹攻曹操的最好机会。

公元200年，袁绍大军进驻黎阳，派遣大将颜良渡河攻白马，曹操当时只有三四万兵马，不能硬拼。之后，曹操采纳荀攸的建议，出兵延津，做出要渡河北上袭击袁绍后方的态势，袁绍果然中计，分兵来攻。曹操直接率兵突袭白马，将颜良斩杀，解了白马之围。

大将被杀，袁绍非常愤怒。他率大军渡过黄河，追击曹操，曹操又以在白马所获得的辎重为诱饵，分散袁军的兵力，趁势击斩袁绍的另一名勇将文丑，顺利地退回官渡。

虽然曹操获得了短暂的胜利，但是长达数月的消耗和僵持，曹操的军粮将尽，河南的百姓也因为赋税加重而叛袁绍。此时，有谋臣劝袁绍利用兵多粮足的优势，延缓进攻的速度，以此消耗曹操的实力。但是袁绍不听，并对官渡展开了全面的进攻。

此后，曹操派遣徐晃于官渡北袭烧袁绍粮车千余辆，袁绍又让淳于琼督运粮饷至官渡东北方的乌巢。此时袁绍的谋士许攸叛投曹操，并透露了这一机密。于是，曹操留下一部分人马固守，自己则率兵五千，穿上袁军的服装，在夜间偷袭了乌巢。

袁绍知道后，顾不上保护粮草，对官渡进行了猛烈的攻击，结果淳于琼被杀，万余车粮草都被烧。袁军顿时军心涣散，众将领见大势已去，都纷纷率众投降。在曹操的反攻下，袁绍兵败溃不成军，率八百多人逃回河北，曹操胜利。

田畴带路破乌桓

公元200年，曹操在官渡歼灭了袁绍的主力之后，袁绍的儿子袁熙、袁尚以及其余人马都逃到了乌桓。为了防止袁氏卷土重来，保持北方的统一和安全，曹操于公元207年率兵征伐乌桓，以打垮这股日渐强盛的军事力量。但是乌桓的部队强悍骁勇，不可小视，更何况，曹操出兵时正是夏天，通往乌桓单于驻地的道路已经被滂沱大雨淹没了。曹军进退不得，陷入了困境，这个时候如果找不到熟悉地形的人及时帮助曹军摆脱困境，后果真的难以想象。

曹操对此颇为忧虑，向当地人田畴询问好的应对方法。田畴答道："此路一到夏秋就常常积水，坑洼遍布，当真是寸步难行。不过，现在敌军认为我们无计可施，无路可走，最终必然撤兵，所以他们并没有十分戒备。若我军偷偷地撤军，从卢龙口越过白檀（今河北承德西南）险峻之地，便到了开阔的地方，之后，我们可以趁敌军不备去偷袭他们，既可以免去激烈的交战，减少伤亡，也可以轻易擒得乌桓首领。"

曹操连声说好计，于是佯装撤兵，同时在水边一个木桩上写道："如今正值暑热之季，经常下雨，道路坑洼难行，等到秋冬道路畅通时，必来再次攻打"。这木牌被乌桓派出的侦察兵发现，乌桓首领得知后以为曹操是真的撤军了。

之后，曹操命田畴领军，登上徐无山（今河北玉田县东北部林头囤乡境内），经过卢龙口（今河北喜峰口一带），走过平冈（今内蒙古喀喇沁左翼境内），直到登上白狼堆（在今内蒙古喀喇沁左翼东三十里之白鹿山），与柳城（今辽宁锦州边界）只相距二百里地的时候，敌人才察觉他们的行踪。乌桓单于亲自迎战，曹操与其进行了激烈的交锋，斩杀敌军无数，把乌桓一路追赶到柳城。

曹操此战大捷，论功行赏的时候称田畴是最大的功臣，封他为亭侯，封邑五百户。田畴说："我之所以追随丞相，只是因为幽州牧刘虞蒙难，自己率领大家逃到深山，如今丞相率军平定乌桓割据势力，自己没做什么却得到丞相的封赏，这并不是我跟随丞相的初衷，因此坚决拒绝这些封赏。"曹操看他言辞恳切，情感真挚，知他所说是肺腑之言，也就不再勉强。

田畴并不是曹操集团的谋士武将，他的身份只是一个游离于凡俗的隐士。汉末时期天下大乱，为了避难远祸，归隐山林的士人不少。很多有本事的人宁为布衣而不愿做官，田畴便是其中一位。

按照田畴的愿望，借助曹操的力量平定乌桓之后，他就可以踏踏实实地过自由自在的生活。

其实田畴也是不朽的，他的不朽不仅在曹操攻打乌桓的战争中建立了功绩，更多的是在"白骨露于野，千里无鸡鸣"的社会环境中开辟了一片相对平安的地区。汉末之际，田畴避难于徐无山地区。之后收留了数以千计无家可归、流离所失的百姓，在这里过着躬耕自足的生活。之后，田畴协助曹操击败乌桓，目的是使徐无山地区免受乌桓的骚扰和掠夺，让这里的百姓过上更加平安的生活。从这个意义上讲，田畴作为那个时代的民间英雄是当之无愧的。

赤壁之战

公元208年初秋，荆州牧刘表与世长辞，荆州立刻成为各路割据势力窥伺的沃土。

荆州南通东吴，北抵豫州，不仅水陆交通发达，农业基础也十分深厚，在军事战役中成为炙手可热的必争之地。

刘表的突然离世，让曹操看到了夺取荆州的有利机会。于是，曹操率大军南下，一时旌旗蔽野、浩浩荡荡的军队犹如洪水般首先侵入新野。驻守新野的刘备寡不敌众，腹背受敌，不得不败走江陵。

在曹军的马蹄踏入新野之前，留给刘备逃离的时间十分充裕，但刘备没有马上撤退，而是向诸葛亮提出带领新野数万百姓共赴他乡。但由于人群数量过于庞大，不能在同一时间登船撤离。当曹军追逼而来时，仍有大批的群众在河岸停留。

为了大局着想，将领们提出让刘备率军先行的想法。而刘备却割舍不下百姓们，他说："天下仁者，均以民为重。君临天下，期望便是守护百姓，如今我若一走了之，岂不是对先祖遗训的亵读吗?”劝诫他的将领们听完，无不感慨万分。

在新野不战而败的刘备，打算占领江陵一地养兵蓄锐，之后做进一步的打算。就在刘备做出这一决定时，消息却已经传到了曹操军营，曹操遂派五千精兵火速拦截刘备。

突然出现的曹军，不费吹灰之力就冲散了缓慢前行的大批新野百姓，最后有刘备、赵云等人从战乱中突围，他们投奔到关羽所驻扎的夏口，在那里暂时得以安身。

曹军占据江陵后，又将荆州八郡划入版图范围。而就在刘备携众下江陵前，刘表的儿子，即年弱的刘琮早已将军权拱手让给了曹操，曹操南下的决心更强烈了。

刘备据守夏口，势力单薄，如果曹操此刻率军前来，则再不能进行抵抗了。此时军师诸葛亮提议，联合江东孙权共战曹军，而孙权也遣派鲁肃在此前过来探视情况，双方联合抗曹的打算不谋而合。

诸葛亮毛遂自荐，向刘备请求亲赴柴桑担任说客，说服孙权出兵救援。

抵达柴桑后，诸葛亮会见孙权，给他提出了两种选择：第一，凭一己之力，抗衡曹操；第二，若无法对抗，就放下敌对姿态，向曹操屈服。

孙权听后，故意向诸葛亮发难道：“刘备为何不早早归为下臣?”诸葛亮镇定自若地为刘备辩解说：“他不臣服的原因是，他不屑于甘为人臣。”

诸葛亮见孙权略有摆动之意，趁势打了一剂强针剂。他向孙权分析现在的局势，刘备军队虽然战败新野，兵力减损，但加上关羽的万员水军、刘琦的部分兵队，总和起来亦不在少数。

除此之外，诸葛亮又分析了一遍曹操的弱势，那就是从中原奔至江南，兵士疲劳、士气锐减，关键在于，北方步军不习水上战争，而江东兵素以水战而闻名于世，到时必定可以将他们打个落花流水。

孙权本就觊觎荆州已久，见诸葛亮信心十足地分析后，不禁心情通畅，又加上鲁肃、周瑜等人的劝说，最终决定与刘备共同抗击曹操。

于是，诸葛亮跟随鲁肃、周瑜等人率领的三万水军，前往夏口与刘备汇合。

当年11月，曹军大举南下，一路上踌躇满志、士气昂扬，行至赤壁处，见水波荡漾，万顷湖水难以逾越，才察觉此行恐多有不利。

果不其然，在与孙刘联军的初次交锋中，由步兵临时训练而成的曹军水兵，不得不宣告失败。

经过一番整顿和反思后，曹操突发奇想，命将士们用铁链连接大部分船只，以消除步兵不擅水战的弱点。正是这一“连环船”的做法，险些让曹军全军覆没。

周瑜、黄盖等人从中获得灵感，想到用火攻连环船的计谋，而且江南的冬天不比北方的冬日一整个季节都吹北风，偶尔也会有吹东南风的时日出现。为了确保计划的可实施性，周瑜、黄盖提出向曹军显露不战而屈的姿态，诱骗他们放松警惕，精神懈怠。

就在曹军困守军营，众将士水土不服、回归心切时，孙刘联军传来的想要降服的消息，让曹操喜不自禁，欣喜之余感到万分的安慰。

在东南风来临的某个晚上，孙刘联军正式决定向曹营进发，由黄盖的诈降部队先打头阵。只见黄盖身披战袍站立船头，身旁矗立着降服曹操的旗帜。所率船只上，都备有洒上油脂的枯草堆，上面铺好了遮挡的幕布。

东风如约而至，天时地利皆被孙刘联军所占。黄盖的船只借助了风的强力，愈加急速地驶向前方的曹军船队。看着笔直驶向自己的孙刘联军水兵，曹军每人都伸长了项脖，翘首盼望他们的归降。

等到快靠近曹军时，黄盖立即掉头命令士兵点燃稻草堆，顿时一片火海在河面蔓延开来，火借风势，风迎火燃，顺着船只行进的方向不断地移动，曹军的连环船无法逃避烈火的侵袭，熊熊燃烧起来。

此时，孙刘的主要军队在南岸击鼓传报，登船与曹军作战，最后曹操不得不放弃对抗，带领着几名幸存的亲信，驾小船仓皇逃走。

孙刘联军在其后穷追猛赶，曹操侥幸从华容道逃至北方，之后命曹仁留守江陵。随后不到一年的时间里，刘备攻下了武陵、长沙、桂阳、零陵等四郡，扩充了领土，为日后的霸业奠定了基础。

就这样，在孙刘联军的合力攻击下，强大的曹军被击败，孙、刘二军实力大增，终成三国鼎立之势。

玄武门之变

唐高祖李渊的皇后育有四子：长子建成，次子世民，三子玄霸，四子元吉。太子李建成在长安辅佐唐高祖处理军国大事。次子李世民领兵出征，平定割据势力，镇压各地起义，扩大大唐地域，在朝野之中威望甚高。但李建成是长子，按照传统的宗法制度，他应是李渊帝位的继承者。但秦王李世民既有战功，又有野心，因此兄弟之间存在皇位之争。他们双方为了自己的利益，都积极采取措施壮大自己，打击、瓦解对方。首先，他们各自都拉拢朝中的高级官员，争取他们的支持。齐王李元吉、宰相裴寂和封伦均支持太子，而陈叔达和萧瑀支持李世民。由于裴寂是李渊的宠臣，因此太子暂时处于有利地位。

在地方上，李建成和李世民也都设法培养自己的势力。李世民在平定王世充和镇压农民军时，积极招纳山东英豪。李建成在河北作战时，也极力拉拢罗艺，利用他在河北发展自己的势力。

公元624年以后，全国已经统一，唐王朝的统治地位已是相当的稳固，于是李建成和李世民争夺皇位的斗争就更加明朗化。

这天，李世民正在专心致志地阅读兵书，忽然有卫士进来禀告："太子派人投书。"李世民拆开一看，原来是太子请他赴宴。王府亲随都劝李世民提高警惕，最好不要去。李世民认为，兄弟之间虽然发生矛盾，还不会达到谋害同胞的地步，于是便前往东宫。

李建成准备的宴席非常丰盛。席间，李建成和李元吉频频劝酒，不断赞扬李世民的立下的功劳。喝着谈着，李世民忽然觉得头晕目眩，两脚发软。他知道情况不妙，挣扎一下就想站起来，但此时，身子哪里听得了他的使唤，随即身不由己地倒在了地上。这时窗外大雨滂沱，惊雷闪电照在他惨白的脸上，非常可怕。李元吉看见他二哥倒下，便紧张起来，赶紧问李建成："这……这……怎么办?"李建成怒目圆睁，大喝道："慌什么？派人送回去!"

李世民被送回秦王府，灌了许多解毒药，吐了不少苦水，才保住性命。皇帝知道这件事后，狠狠地训斥了太子一顿。

李建成见李世民没死，仍不甘心，就怂恿皇帝到郊外打猎，并请求由李世民陪驾前往。李建成命部下给李世民准备了一匹烈性马。李世民没想到太子又在耍阴谋，在打猎场上，纵马操弓，追赶一头鹿，突然，烈马野性发作，仰颈狂跳，把李世民甩出一丈多远，险些摔死。

公元 626 年，这个时候李世民对李建成的阴谋诡计已心存芥蒂，因为他不仅想让皇帝反对他，还想掠夺他的兵权。皇帝曾召李世民进宫，并清楚地告诉他，他不可能从皇帝那里得到任何帮助。李世民两个重要的谋士房玄龄和杜如晦，已经因为李建成和李元吉的阴谋而丢了职位。他的将军尉迟敬德被李建成和李元吉雇人行刺，险些丧生。当突厥人于 626 年初入侵边境时，经李建成提议，由李元吉率军去抗击敌人，他随即带走了李世民帐下最优秀的将军和精锐士兵。他们还贿赂李世民身边的重要人物，欲使之倒戈相向。然而，这些瓦解活动都没有成功。

一段时期以来，李世民身边的重臣曾敦促他对他的两个兄弟采取强硬的手段，但他念及手足之情未采取行动。后来发生了一件事情终于促使李世民作出了一个可以改变唐朝历史的决定。

据李世民的探子报告，李建成计划在李世民送李元吉出征突厥之际将他杀掉。

公元626年的一天夜里，秦王府的内殿烧着红烛，殿外站着一列卫士，李世民在这里召开秘密会议。他和长孙无忌走进内殿，后面跟着两个身穿道服的人，卫士正想拦阻，李世民对卫士挥一挥手，就放他们进去了。两个穿道服的人，正是李世民邀来的房玄龄和杜如晦，他们为躲避别人耳目而特意化了装。

紧接着，尉迟敬德也进来了。房玄龄说道："目前太子和齐王日夜想谋害李世民，一旦发生事变，不仅秦王有生命危险，更有可能动摇大唐基业。俗话说得好，'当断不断，反受其乱'。现在正处于生死存亡的关键时刻，希望秦王采取果断的方式除去藏在自己身边的祸乱。"

杜如晦表示支持。李世民说："不知有多少人这样劝过我，难道必须要有一次血光之灾吗？真的没有其他的办法了吗？"

尉迟敬德怒气冲冲地说："现在和秦王最亲近的只剩下我们几个人，齐王还在皇帝面前耍阴谋，说我精于用兵，命我率领精锐部队随他出征。有朝一日我带兵离开秦王以后，秦王的大祸就要临头。请秦王快快下决心，先发制人，否则就会为人所制。"

最后，李世民终于做出了起事的决定。王府的会议到半夜才散场，李世民立刻派出千余人，分头出动，埋伏在玄武门内外。适时繁星满天，马蹄的嘚嘚声和士兵的脚步声打破了这夜的沉寂。

武德九年（公元626年）农历六月初三，李世民谎奏说李建成和李元吉淫乱后宫。李渊即对此事进行调查，欲于次日早朝责问此事。次日早上，李渊的一个嫔妃把李世民的控告通知了他的两位兄弟，他们便决定不去上朝而直接去面见皇帝求情，想为自己辩护。

就在此时，李世民领着十二名心腹部下埋伏在他此时已控制的玄武门。当李建成、李元吉到达玄武门时，他们瞬间被伏兵袭击。李建成被李世民砍死，李元吉则被尉迟敬德所杀。这时，几千援兵来到玄武门，但当两位主子的头被尉迟敬德砍下来示众时，他们的随从一看群龙无首，便一哄而散了。

玄武门事件后仅三天，李世民便被立为太子。不久，李渊退位为太上皇，李世民即位，即为唐太宗。次年正月，改元贞观。

陈桥兵变

五代十国的后周国主柴荣是一位非常贤能的国君，他招贤纳士，大力任用贤能之人，使后周的国力日渐强大起来。然而天有不测风云，正当柴荣壮怀激烈、意气风发地准备收复北方、统一全国之时，偏偏英年早逝，刚刚稳定下来的政治局面又变得动摇不定、危机四伏。

周世宗死时，他的儿子柴宗训年近七岁，即位后被称为周恭帝。这么小的年纪，如何能主持朝政呢？随即大权旁落，掌握在了禁军统帅的赵匡胤的手中。

赵匡胤原本是周世宗部下的一员大将，祖籍涿州，父亲赵弘殷，在后唐庄宗时管理过禁军，母亲杜氏治家严明。在后唐明宗天成二年（公元927年），杜氏在洛阳的夹马营内生下赵匡胤。传闻，这孩子一生下来便通体古铜色，健壮精灵，手脚乱弹，人们都认定他将来必定不凡。在父母的精心抚育下，赵匡胤渐渐长大了，他体貌雄伟，性情豪爽。平日里他跟着父亲出入兵营，看见士卒们练骑术，他就学着骑马，看见士卒们练射箭，他也学射箭，再加上父亲手把手地指教，赵匡胤的骑射技艺突飞猛进。

时光飞逝，一晃赵匡胤已经长成了一个威武的青年，父亲赵弘殷为他聘定了贺家的小姐并择吉日成婚，为此，赵匡胤却没能随父出征凤翔，心中不悦。于是他给母亲和妻子留下书信，偷偷离家，直奔襄阳。由于走错了路，又花光了盘缠，赵匡胤阴差阳错地投奔到后汉枢密使郭威的帐下，做了偏将。这时，后汉朝廷内部发生冲突，后汉隐帝怀疑郭威造反，杀害了郭威在京城的家人，又密令杀掉郭威，郭威一怒之下带兵打进京城，自己做了皇帝，国号后周。

在拥立郭威做皇帝的过程中，赵匡胤出了不少力，因此，他也成了后周禁卫军的一名军官。然而郭威在位三年零半个月就病死了，于是他的养子柴荣即位，就是我们前面提到的周世宗。

在跟随周世宗南征北战的过程中，赵匡胤更是立下了赫赫战功。他带军纪律严明，每次临阵，必令将士各披皮笠，而他自己则亲自督战，但见退缩者，便用剑砍他们的皮笠，作为标记，待到收兵回城后便一一仔细检查他们的皮笠，凡有剑痕者定斩不赦。

因此周世宗在世时对赵匡胤十分信任，曾命令禁军将领赵匡胤从各地招募到都城的壮士精选出特别强壮的人，编为殿前诸班，作为皇帝的宿卫亲军。有一次，周世宗在讨伐契丹途中见到一块写有“点检做天子”的木块，就产生了猜忌，终于在临死前把任殿前都点检这一禁军最重要职务的张永德罢免，晋升殿前都指挥使赵匡胤为殿前都点检。但是他万万没有想到，夺取后周政权的人正是这个他认为可以信赖的赵匡胤。

在周世宗的提拔下，赵匡胤牢牢确立了自己在这支最精锐的禁军中的权威地位，并且迅速地培植了自己的势力，许多禁军将领也都是赵匡胤的亲信。周世宗一死，后周就无人可与赵匡胤的势力相抗衡了。五代时期，谁拥有兵权，谁就有做皇帝的资本。后周在周世宗壮年早逝，突然病死后所出现的那种“主少国疑”的动荡不安的气氛，使赵匡胤夺取政权的时机已接近成熟，势在必得。

公元960年，后周正在举行每年一次的大礼时，忽然接到边境送来的紧急战报，战报上说北汉与辽国已结成联盟，合兵一处，向北周边境进犯，情况十分危急。幼小的周恭帝哪里懂得什么出兵打仗，自然是要召集大臣们商讨对敌之策。这些大臣们非常清楚北汉和辽国势力强大，不好对付，必须派最得力的人率兵迎敌。就这样，由宰相范质提议，朝廷任命赵匡胤做了统领全军的大元帅，开赴前线抗敌。赵匡胤手握令牌就等于掌握了后周的命脉，他在接受命令的第三天就点齐了军队，浩浩荡荡地开出了汴京。老谋深算的赵匡胤并没有去前方迎敌，而是在距离汴京二十里一个叫陈桥的地方下令就地安营扎寨，导演了一出“黄袍加身”的闹剧。

这天夜里，赵匡胤假装醉酒，早早地睡去。弟弟赵匡义和赵普等亲信则在将士中散布议论，说当今皇帝年幼，将士即使出死力破敌也没有地方去领功受奖，况且，“如今天子弱小，强敌入侵，国将不保，如果另立英主，国家和百姓就会转危为安了。这个皇帝之位非赵点检（赵匡胤）不可！不如先拥立赵匡胤为皇帝再出发北征。”将士的兵变情绪很快就被煽动起来了。深夜五更，将士们从四面八方拥向赵匡胤居住的驿馆，“万岁”的呼声响彻夜晚的整个天空。

天刚蒙蒙亮的时候，赵匡胤佯装一觉醒来。此时驿馆外已是人声鼎沸，将士们正在呼喊着“我辈无主，今日须得天子”“请赵点检登基做皇帝”等口号。赵匡胤心中暗喜，脸上却不露半点声色。正在这时，房门忽地一下被推开了，赵匡义和赵普等人冲了进来，诸将露刃于庭，不由分说地将事先已准备好的黄袍披在了赵匡胤的身上，然后便跪在地上高呼“万岁”。赵匡胤则故作不解地望向大家，将士们指着他身上的黄袍说：“上苍所赐的黄袍在你身上，你就是当今圣主，万万不能推辞。”于是赵匡胤便装作很不情愿的样子，被将士们扶上了战马。这就是历史上有名的“黄袍加身”事件。

陈桥驿的兵变虽然按预定计划有秩序地进行，没有发生任何流血冲突，但赵匡胤仍不放心。他看多了五代时期一些被部将拥立的皇帝，一旦进入京城，那些自以为拥立有功的将士就会趁机纵兵，大肆抢掠百姓和前朝府库，既失掉了民心，也助长了将士的骄傲情绪，最终落得个自掘坟墓的下场，因此他深知能否严整军纪对自己统治的建立和稳固都至关重要。于是，他跨上战马后便对身旁的将士们说：“你们既然拥立我做皇帝，我的命令你们都能言听计从吗？”将士们一听此言，便立即齐声道：“我们效忠陛下，对陛下的旨意怎敢不从？”赵匡胤这才调转马头，带着陈桥兵变的队伍向汴京进发。

汴京城内守备都城的禁军将领石守信、王审琦等人都是赵匡胤的“义社兄弟”。陈桥驿兵变一发动，赵普让他们开城接应，因此，赵匡胤的将士兵不血刃就控制了后周的都城汴京。直到此时，后周的宰相范质等人才知道不辨军情真假就仓促出兵是上了别人的当，但为时已晚，只得向赵匡胤跪拜，协助赵匡胤举行禅让仪式。

因为赵匡胤当时兼任宋州归德军节度使，于是就用“宋”为国号，改元“建隆”，因为都城在汴京，即开封，习惯上称赵匡胤建立的宋朝为“北宋”。赵匡胤就是历史上的宋太祖。

赵匡胤通过“陈桥兵变”，用和平的手段避免了一场流血的战斗，夺得了皇位，使北方正在好转的社会生产力没有遭到任何破坏。应该说，赵匡胤一生最主要的贡献，就在于他的所作所为顺应了历史发展的潮流。

宁远大战

当魏忠贤的阉党把明朝政闹得乌烟瘴气、腐败不堪的时候，后金大汗努尔哈赤的势力迅速崛起，正不断向辽东进军，明王朝派了一位老将熊廷弼出关指挥辽东军事。熊廷弼是一个很有军事才能的将领，可是当时担任广宁巡抚的王化贞却认为熊廷弼此次出关，影响了他的地位，于是他便千方百计阻挠熊廷弼的指挥。公元1622年，努尔哈赤率军向广宁进攻，王化贞带头逃进关内。熊廷弼一时无法抵御，只好保护部分百姓退守山海关内。

由于广宁失守，明王朝不分青红皂白，把熊廷弼和王化贞一起打进大牢治罪。魏忠贤趁机向熊廷弼敲诈勒索，要熊廷弼拿出四万两银子才免他死罪。熊廷弼是个响当当的正派人，哪来这些钱，当然一口拒绝。阉党就栽赃诬陷熊廷弼贪污克扣军饷，把他处死。

明王朝杀了熊廷弼之后，还能派谁去抵抗后金军的进攻呢？恰恰在这个时候，主事袁崇焕忽然失踪。衙门里的官差找到他家里，他家里的人也不知他的去向。过了几天袁崇焕才回来，原来他看到国事危急，迫在眉睫，便单独一个人骑着马到山海关外视察去了。

袁崇焕详细研究了关内外的形势，回来向兵部尚书孙承宗报告，并且说："只要朝廷给我足够的人马军饷，我便能守住辽东。"

当时，一些朝廷大臣正被后金的猛烈攻势吓破了胆，一听袁崇焕自告奋勇，也都纷纷表示赞成让袁崇焕去试一试。明熹宗于是批给他二十万饷银，要他负责督率关外的明军，抵御努尔哈赤。

关外经过几年战争，已经是一片荒凉，遍地都是死亡兵士的尸骨，加上冰天雪地，野兽横行，人迹罕至，环境十分艰苦恶劣。袁崇焕出关后，带着几个随从兵士，连夜在荒野上骑马奔驰，天没亮就来到了宁远的前屯。他在那里收容难民，带人修筑工事。对袁崇焕的勇气和毅力，那里的将士没有一个不表示赞叹钦佩的。

袁崇焕在关外经过一番实地考察，研究部署了作战方案，决心派兵进驻宁远，在那里修筑防守工事。他把他的主张报告朝廷后，立刻得到孙承宗的大力支持。

袁崇焕命人在宁远很快就修筑起三丈二尺高、两丈宽的城墙，并且在城墙上装备了各种火器、火炮。孙承宗还派了几支人马分驻在宁远附近的锦州、松山等地，声援宁远。

袁崇焕号令严明，作风严谨，受到广大军民的拥护与爱戴。关外各地的商人听说宁远防守巩固，社会稳定，便从四面八方拥到宁远来。辽东的危急局面很快扭转过来。

正当孙承宗、袁崇焕守卫辽东的时候，他们却遭到了魏忠贤的无端猜忌。魏忠贤唆使阉党在朝廷内外说了孙承宗不少坏话，明熹宗也有耳闻，随即对孙承宗感到不满，孙承宗被迫卸任。

之后，魏忠贤又用计使他的同党高第接替了孙承宗指挥辽东的事务。高第原本是一个庸碌无能之人，他一到山海关，就召集所有将领开会，说后金军强大，关外无法防守，要各路明军全部撤进山海关内，以保存实力。

袁崇焕坚决反对撤兵，他说："我们好不容易在关外站稳脚跟，打开局面，哪能轻易放弃！"高第硬要袁崇焕服从命令，放弃宁远。袁崇焕非常气愤地说："我的职守是防守宁远，抵抗后金军，要死也死在那里，决不后撤！"

高第见一时说服不下袁崇焕，就只好答应袁崇焕带领一部分明军继续留在宁远，却下命令要关外其他地区的明军，限期全部撤退到关内。这道命令下得十分突然，各地守军毫无准备，于是他们便匆匆忙忙地退兵，把储存在关外的十几万担军粮全部丢失。

此时，努尔哈赤看到明军匆忙撤退的狼狈相，认为在这种情况下，明朝容易对付。公元 1626 年，他亲自率领十三万大军，渡过辽河，大举进攻宁远。

那时，守在宁远周围几个据点的明军都已经全部撤走，宁远城只剩下一万多兵士，处境十分艰难，陷于孤立。但是袁崇焕并不气馁，他咬破一个手指头，写了一份誓死抗金的血书给将士们呈看，并且说了一番激励大家奋勇抗敌的话。将士们听了，都感动得热血沸腾，斗志倍增，纷纷表示一定跟着袁将军一起死守宁远。

接着，袁崇焕就命令城外百姓全部带着粮食撤离，生产生活用具马上撤进城里，并把城外的民房统统毁坏烧掉，叫后金军队来了没有粮食和掩体。他后来又向城里的官员分派了具体任务，有的管军粮供应，有的负责清查内奸。他还发出书信给山海关的明军守将，如果发现了从宁远逃回关内的官兵，要他们就地处斩，绝不留情。这几道命令一下，宁远的人心都安定下来，大家除了一心一意守城杀敌之外，没有别的念头。此时的明军团结一致，严阵以待。

过了二十来天，努尔哈赤带领后金军气势汹汹地来到了宁远城下。大批后金士兵头顶盾牌，冒着明军密集的箭石、炮火，猛烈攻城。明军虽然英勇抵抗，但是后金兵被打倒下一批，又冲上来一批。在这万分紧急的关头，袁崇焕迅速下令动用早就准备好了的大炮，向后金军的队伍猛烈发射。在炮声响处，只见一团团冲天的火焰横空而起，后金士兵被轰得血肉横飞，留下的也被迫后撤。

第二天，努尔哈赤亲自督战，集中大量兵力继续攻城。袁崇焕登上城楼高处的瞭望台，沉着地监视后金军的行动。直等到后金军冲到逼近城墙的地方，他才命令炮手集中火力瞄准敌人密集的地方。这一轰炸使后金军的将士受到更大伤亡，正在后面督战的努尔哈赤也受了重伤，不得不下令迅速撤退。

袁崇焕听到敌人退兵的消息后，就带兵乘胜杀出城去，一直追赶了三十里，又杀死了不少后金军，才得胜回城。宁远一战，袁崇焕立下了很大战功。

努尔哈赤受了重伤，回到沈阳对他的部下说："我从 25 岁以来，驰骋纵横，身经百战，战无不胜，攻无不克，没想到这个小小的宁远城竟然攻不下来。"他又气又伤心，加上伤势越来越重，拖了几天，就去世了。

第三章　著作篇

——流落旷野的宝石

每一部兵学著作都是随着大环境的变化应运而生的。随着军事力量逐渐成为国家实力的象征，兵学家们编著的战事书籍也如雨后春笋般地不断出现。在当时，重要的兵学著作不仅皇帝及王公贵族们需要捧读，带兵的将领们也必须熟知书中的要义，这样才能在国家日常的军备建设及战场上赢得主动。

《孙子兵法》

在诸侯争霸的春秋时期，孙武撰写了一部杰出的军事著作《孙子兵法》（或称《孙武兵法》《吴孙子兵法》《孙子》等）。

作为我国最早问世的兵书，《孙子兵法》中总共有 13 个篇章：

第一篇《计篇》，包含“五事”“兵者，诡道也”“七计”“攻其无备，出其不意”等主要军事思想。在实践中总结出预先谋划的重要性，如若离开了预先的分析和把握，就很难在战场上取得胜利。

第二篇《作战篇》，指出“兵贵胜，不贵久”，其中作战资源和人力间的平衡应该受到极大的重视，并提倡“因粮于敌”的战术。

第三篇《谋攻篇》，主张以智谋攻敌，即不专用武力，而是采取各种手段使敌人投降。

第四篇《军形篇》，指出军用物资的丰厚与否决定着军队的实力强弱其中，“先为不可胜，以待敌之可胜”是其核心观念。

第五篇《兵势篇》，指出战术策略的变换、使用以及兵力的精确预算，对于战场局面的改换有着至关重要的作用。

第六篇《虚实篇》，包含“避实击虚”“攻其必救”“因敌而制胜”等作战策略，需要将领们进行实践，其核心内容是在与敌方的较量中，应以各种方式打乱敌人的部署。

第七篇《军争篇》，提出了“避其锐气，击其惰归”“兵以诈立，以利动，以分合为变”等许多重大的军事战略原则，提示将领们在与敌军作战时掌握主动的重要性。

第八篇《九变篇》，倡导“君命有所不受”“必杂于利害”等做法，阐述了在不同环境下，如何运用谋略来挽救不利局面或是达到胜利。

第九篇《行军篇》，主要讲述了行军过程中会遇到的各种情况。

第十篇《地形篇》，本篇通过对各类地理条件的分析，告诉军队将领们如何适应当地环境，并在各种复杂的地理环境下取胜的原则。

第十一篇《九地篇》，介绍了九类相异的地形环境以及在作战时所应遵守的调兵遣将的规则。“兵之情主速，乘人之不及，由不虞之道，攻其所不戒”等关于突袭的思想亦在此出现。

第十二篇《火攻篇》，介绍了各类火攻方式及在利用火的威力攻击敌人时，应当注意的问题。

第十三篇《用间篇》，提出在战事的整体方面，使用间谍的优势和多种间谍派遣方式的注意事项。

《孙子兵法》不仅是一部军事理论著作及中国现存最早的兵书，也是世界上最早的军事著作，被誉为“兵学圣典”。一直得到历代政治家、军事家的尊重与推崇。曹操对《孙子兵法》评价说：“吾马兵书多矣，孙武所著深矣！”唐朝诗人杜牧在其《注孙子序》中写道：“孙武所著十三篇，自武死后几千载，将兵者，有成者，有败者堪其事迹，皆与武所著书一一相抵当，犹印圈模刻，一不差跌。”到了南北朝时期，《孙子兵法》被尊为《兵经》，成为兵书类著作中的典范。唐朝时，唐太宗李世民曾说：“观诸兵书，无处孙武。”到了宋朝元丰年间，朝廷出面搜集兵书中的精品，编成《武经七书》，《孙子兵法》被排为其中的第一本。从此，《孙子兵法》成为宋朝政府颁布的武学教科书，也是武学开科取士的依据。明代抗倭名将戚继光说：“孙武之法，纲领精微，为莫加焉。”

另外，中国历史上的许多著名战役，有相当一部分运用了《孙子兵法》中的谋略，如孙膑围魏救赵，运用了“攻其所必救”的战术；马陵一战中，孙膑运用了“能而示之不能”的策略，减灶擒庞涓；韩信的“背水一战”遵循了“陷之死地而后生，置之亡地而后存”的法则；邓艾潜出阴平七百里进击，用的是“出其不意，攻其不备”的战术，等等。

《孙子兵法》具有超越时代的内涵，能够穿透历史的局限，对其以后的各类军事著作有深刻的影响，甚至对冷兵器战争时代结束以后的军事著作和军事思想，仍然有着不可思议的影响。

到了现代，许多源于《孙子兵法》的见解逐渐进入社会生活的其他领域，成为各种非军事领域及行业乃至个人行为的决策准则。这种现象充分证明了《孙子兵法》所具有的不朽思想内涵与现代社会生活之间存在着强有力的内在联系，许多指导战争的原则和道理，同样适用于包括商业经营活动在内的各个领域中。

如今，《孙子兵法》的许多观点、理论论述，已经完成了从军事著作这个后者包含的范围内特殊领域到一般领域的飞跃，使得它在后者包含的范围内运用得越来越广泛。

例如，在体育比赛的集体项目中，整个队伍的相互配合、针对不同对手选用不同的战术等，用《孙子兵法》作为带队训练、进行比赛的理论依据，已日益受到体育界有识之士的重视。

又如，在医学领域，中医治病的手法是“望、闻、问、切”，主要依据对人体表层的各种症状，运用辩证施治的方法，根据阴阳五行等中医原理治病，这一点，与《孙子兵法》所体现出来的朴素唯物论观点和辩证法的方法论比较一致，而且也越来越多地得到医学工作者的共识。

《孙子兵法》中表达的军事思想，对历代将帅指挥作战的军事实践和后世军事思想的形成，均产生了深远影响。在历代大量的军事理论典籍中，有相当一部分是对《孙子兵法》本身进行研究的著作。

孙武能够从军事斗争的一般现象中总结出规律，提出战争的一些基本原则。他虽然对“战争的本质是国家政治的一种继续的手段”没有论及，但他确实涉及了战争和国家政治以及经济方面的联系。美国国防大学战略研究所所长约翰·柯林斯指出：“孙子是古代第一个形成战略思想的伟大人物，他的大部分观点在当前环境中仍然具有和当时同样重大的意义。”

英国著名军事理论家《战略论》一书的作者利德尔·哈特在看了《孙子兵法》后，非常惊讶于他十几年研究、总结的许多观点，孙武早在二千五百多年前就提出来了，并从中意识到，一些最基本的军事思想是永恒的。

《孙子兵法》中的哲理博大精深，内容言简意赅，是世界举世公认的文化遗产。在国外，《孙子兵法》被誉为是“世界古代兵家第一书”，并被尊为“武学圣典”“武经之冠”。有些国家的军事院校已将《孙子兵法》定为学员的必读参考书。

据不完全统计，到目前为止，全世界已有《孙子兵法》译本共百种，包含了日、法、德、英、朝鲜、越南、西班牙、捷克、希伯来语等三十多个语种。研究《孙子兵法》的专业和业余人员成千上万，著述已达数千种，另外，中、日、美三国还专门建立了有关《孙子兵法》的研究中心。

《吴子兵法》

《吴子兵法》又称《吴子》，是一部重要的兵家著作，由战国名将吴起著，是反映先秦时期中华民族军事思想的代表作之一。

据《汉书·艺文志》记载，《吴子兵法》为四十八篇，但在长期的流传过程中，此书大部分散佚，现只存《图国》《料敌》《治兵》《论将》《应变》《励士》等六篇。

《吴子兵法》是在封建制度确立后，战争和军事思想有了显著发展的历史条件下产生的。这时，军队成分的改变、铁兵器和弩的广泛使用以及骑兵的出现，引起了作战方式的明显变化。《吴子兵法》反映了新兴地主阶级的战争理论、军队建设和作战指导方面的观点，具体包括以下几个方面。

第一，主张“内修文德，外治武备”，把政治和军事紧密结合起来。所谓“文德”，就是“道、义、礼、仁”相互结合，并以此治理军队和民众，即“民安其田宅，亲其有司”“百姓皆是吾君而非邻国，则战已胜矣”，同时强调军队、国家要和睦。所谓“武备”，就是“安国家之道，先戒为宝”，必须“简募良材，以备不虞”。书中把战争区分为义兵、强兵、刚兵、暴兵、逆兵等不同性质，主张对战争要采取慎重的态度，反对穷兵黩武。

第二，主张兵不在多，“以治为胜”。治，就是建设一支训练有素的军队，即“居则有礼，动则有威，进不可当，退不可追，前却有节，左右应麾，虽绝成陈，虽散成行……投之所往，天下莫当”。同时要求选募良才、重用勇士和志在杀敌立功的人，作为军队的骨干，并“加其爵列”“厚其父母妻子”；对士卒的使用要因人而异，使“短者持矛戟，长者持弓弩，强者持旌旗，勇者持金鼓，弱者给厮养，智者为谋主”，以发挥各自的特长；按照同乡同里编组，同什同伍互相联保，以对部众严加控制；采取“一人学战，教成十人；十人学战，教成百人……万人学战，教成三军”的作战方法，并严格训练；明法审令，使“进有重赏，退有重刑，行之以信”，做到令行禁止，严不可犯；将领必须与士卒同甘苦、共安危，奖励有功者，勉励无功者，抚恤和慰问牺牲将士的家属，以恩结士心，使其“乐战”“乐死”；要“任贤使能”，选拔文武兼备、刚柔并用的人为将。

第三，强调料敌用兵，因情击敌。针对齐、秦、楚、燕、韩、赵六国的政治、地理、民情、军队、阵势等不同特点，书中提出了不同的作战方针和战法。例如，对齐作战，“必三分之，猎其左右，胁而从之”；对秦作战，先示之以利，待其士卒失去控制时，再“乘乖猎散，设伏投机”；与楚作战，则“袭乱其屯，先夺其气，轻进速退，疲而劳之，勿与争战”；同燕作战，则“触而迫之，陵而远之，驰而后之”和“谨我车骑必避之路”；与韩、赵作战时，则“阻阵而压之，众来则拒之，去则追之，以倦其师”。

第四，强调“审敌虚实而趋其危”。指出有八种情况不需再卜问吉凶，即可向敌进击，在十三种情况下要“急击勿疑”，旨在乘隙蹈瑕，不失战机；又列举了不需占卜即可决定不与敌作战的六种情况，要“避之勿疑”，并进一步指出“用兵之害，犹豫最大；三军之灾，生于狐疑”。书中还注重“应变”，提出击强、击众、谷战、水战、围城等具体战法，同时对养马和骑战做了专门的论述。

总之，《吴子兵法》继承和发展了《孙子兵法》的有关思想，在历史上曾与《孙子兵法》齐名，并称为“孙吴兵法”，因而为历代兵家所重视。现有日、英、法、俄等译本流传。

《尉缭子》

《尉缭子》是中国古代的一部重要的兵书，中国古典军事文化遗产的重要组成部分。对于它的作者、成书年代以及性质归属历代都颇有争议。一说《尉缭子》的作者是魏惠王时的隐士，一说为秦始皇时的大梁人尉缭。《尉缭子》一书最早著录于《汉书·艺文志》，书中杂家类著录《尉缭》29 篇、兵形势家类著录《尉缭》31 篇。1972 年在山东临沂银雀山汉墓出土了《尉缭子》

残简，说明此书在西汉已流行，一般认为成书于战国时代。

《尉缭子》作为战国时产生的兵书，它所谈的战略战术等问题，虽然不如孙、吴《兵法》深刻，但在一系列问题上也有创见。

第一，《尉缭子》提出了以经济为基础的战争观。该书《治本》篇中说，治国的根本在于耕织，“非五谷无以充腹，非丝麻无以盖形”。不废耕织二事，国家才有储备，而这一储备正是战争的基础。对此，《尉缭子》说：土地是养民的，城邑是防守土地的，战争是守城的。所以，耕田、守城和战争三者都是王者本务。在这三者当中，虽然以战争为最急，但战争却仰赖农耕。即使万乘之国，也要实行农耕、战争相结合的方针。基于这一点，《尉缭子》主张“王国富民”，强调王者进行的战争是“诛暴乱，禁不义”，其最终目的在于使“农不离其业，贾不离其肆宅，士大夫不离其官府”，而仅诛杀首恶一人。《尉缭子》的这个思想显然由商鞅的农战思想而来，因而是进步的。当然，《尉缭子》也注重政治在战争中的作用，说：“国必有礼信亲爱之义，则可以以饥易饱；国必有孝慈廉耻之俗，则可以死易生”，对此也重视政治教育。

第二，《尉缭子》提出了一些有价值的战略战术思想。如主张集中优势兵力，待机而动，即“专一则胜，离散则败”（《兵令上》），“兵以静固，以专胜”（《兵权》）。主张先机而动，突然袭击，即“兵贵先。胜于此，则胜于彼矣；弗胜于此，则弗胜彼矣”。主张在战争中运用权谋，即“权先加人者，敌不力交”。主张运用“有者无之，无者有之”（《战权》）的虚虚实实战法，迷惑敌人。《尉缭子》继承《孙子兵法》的奇正思想，提出“正兵贵先，奇兵贵后，或先或后”，以克敌制胜。值得一提的是，《尉缭子》结合围城战的实践，提出了一整套攻守城邑的谋略，主张攻城要有必胜把握，“战不必胜，不可言战；攻不必拔，不可以言攻”。最后深入敌境，出敌不意，切断敌人粮道，孤立敌人城邑，乘虚去攻克。

第三，《尉缭子》的另一重要贡献是提出了一套极富时代特色的军中赏罚条令。《尉缭子》作为古代兵书，不但在军事理论上有所发展，而且保存了战国时期许多重要的军事条令，这是其他兵书所少见的。比如，该书《战威》篇中说：“审法制，明赏罚”，是威胜之道。《制谈》篇中说：“修号令，明赏罚”，是保证士卒冲锋陷阵的必要手段。同时，《尉缭子》主张以法治军，提出了赏罚原则，即赏必厚、罚必重，否则，“赏禄不厚，则民不劝”，同时要以田禄、爵秩厚赏有功者，使民“非战无所得爵”，做到“赏功养劳”。

《尉缭子》主张重罚，该书在《重刑令》篇中主张将战败、投降、临阵逃脱的将士宣布为“国贼”“军贼”，不仅处以“身戮家残”之刑，还要削户籍、发祖坟、变卖家属做奴隶。对于不能按时报到和开小差的士卒，以逃亡罪论处。此书在《伍制令》篇中所讲的军中什伍连坐法，在《束伍令》篇中所讲的战场上的惩罚条令和“战诛之法”等，都体现了重罚的原则。该书认为，“古之善用兵者，能杀卒之半，其次杀其十三，其下杀其十一。能杀其半者，威加海内；杀十三者，力加诸侯；杀十一者，令行士卒。”认为只有这样，军队才能做到“令如斧钺，制如干将，士卒不用命者，未之有也”。《尉缭子》的重刑思想显然与商鞅的刑赏思想如出一辙，而且比商鞅的思想更为严酷，它反映了古代军队组织中的官兵关系是严重的阶级对立关系。《尉缭子》的以法治军思想已与春秋以前大不相同，由于《尉缭子》提出“杀之贵大，赏之贵小”这套赏罚原则，取消了旧贵族所享有的厚赏轻罚的特权，体现了新兴地主阶级的进取精神，因而极富时代精神，表明它与旧的“赏功酬劳”原则有了质的不同。

第四，《尉缭子》一书保存了一些重要的古代军事条令。比如，有《分塞令》，是营区划分条令，规定各军分塞防守区域及往来通行原则；有《经卒令》，是战斗编队条令，规定各军特有的军旗标志、士卒的行列单位及不同的行队单位佩戴不同徽章等；有《勒卒令》，是统一军中指挥号令金鼓旗铃的条令，规定了金、鼓、旗、铃等指挥工具的作用和用法；有《将令》，规定将军统兵受命于国君，只对国君负责，将军在军中具有无上权威，统一指挥全军；有《踵军令》，是后续部队行动条令，规定后续部队作为接应部队，与大军保持的距离、前进的方向、所应完成的任务以及安全、警戒、处置逃兵的原则；有《兵教上》《兵教下》，是军事教练条令，规定了军中“分营居阵”的训练方式及训练中的奖惩制度。

总之，《尉缭子》所记载的这些军事条令是我们研究先秦军事制度的宝贵材料。

《六韬》

《六韬》又称《太公六韬》《太公兵法》，是中国古代先秦时期著名的黄老道家典籍《太公》一书的兵法部分，其内容博大精深，思想精邃宫赡，逻辑缜密严谨，是古代汉族军事思想精华的集中体现。

最早明确收录《六韬》的是《隋书·经籍志》，题为“周文王师姜望撰”。姜望即姜太公吕望。但是自北宋以来，就不断有人对此提出质疑，而从南宋开始，《六韬》更是被怀疑为伪书，特别是清代，《六谣》被完全确定为伪书，但是1972年4月，在山东临沂银雀山西汉古墓中，发现了大批竹简，其中就有《太公》的五十多枚，从而证明《太公》一书至少在西汉时已广泛流传，伪书之说也就不攻自破了。一般认为，《六韬》成于战国时代。

《六韬》的内容十分广泛，涉及战争观、军队建设、战略战术等有关军事的许多方面，其中又以战略和战术的论述最为精彩，它的权谋思想也很突出。

《六韬》的军事思想比较复杂，差不多先秦各家的军事思想在书中都有反映。书中最突出的是权谋思想。《六韬》一开头就说：“夫鱼食其饵，乃牵于缗，人食其禄，乃服于君。故以饵取鱼，鱼可杀。以禄取人，人可竭。以家取国，国可拔。以国取天下，天下可毕。”（《文师》）这就是说，国君统治百姓，就要像渔人钓鱼一样，以钓饵来诱使人们上钩，听从驱使。

在战略战术上，《六韬》有其独到之处。该书《兵道》篇说：“凡兵之道，莫过乎一。一者能独往独来。黄帝曰：‘一者，阶于道，几于神。’用之在于机，显之在于势，成之在于君。”这是说，用兵的原则在于“一”。所谓“一”，就是事权要专一，兵力要集中，行动要统一，这样才能独往独来，机动灵活，不受牵制，取得战争的主动权。《军势》篇载：“武王问太公曰：‘攻伐之道奈何？’太公曰：‘势因敌之动，变生于两阵之间，奇正发于无穷之源。故至事不语，用兵不言。且事之至者，其言不是听也。兵之用者，其状不定见也。倏而往，忽而来，能独专不制者，兵也。’”这里强调的是“因敌之动”“倏而和主，忽而来”，核心思想是突出机动灵活，不为敌人所牵制，同时，如果能达到出神入化的境界，就可以战无不胜。

《六韬》还强调了用兵要见机而作，以谋略取胜，而不以力战，即“故善战者，不待张军。善除患者，理于未生。善胜敌者，胜于无形。上战与无战。故争胜于白刃之前者，非良将也。设备于已失之后者，非上圣也。智与众同，非国师也；技与众同，非国工也”。此外，《六韬》还论述了步、车、骑三种兵种配合作战的战术问题，如《均兵》篇指出了车、骑的地位及其不同作用：“车者，军之羽翼也，所以陷坚陈，要强敌，遮走北也。骑者，军之伺候也，所以踵败军。绝粮道，击便寇也。”如果步兵与车、骑作战，那么，“必依丘陵险阻，长兵强弩居前，短兵弱发弩居后，更发更止。敌之车骑虽众而至，坚阵疾战，材士强弩，以备我后”（《战步》）。如果是平地作战，方法是“令我士卒为行马、木蒺藜；掘地匝后，广深五尺，名曰命笼。人操行马进步，阑车以为垒，推而前后，立而为屯；材士强弩，备我左右。然后令我三军，皆疾战而不解。”（《战骑》），另外，《六韬》对车、骑、步的协同作战及如何运用步兵对付敌人车、骑兵的办法作了详细的论述。

对于军队的建设，《六韬》认为首先应注意将领的选拔与培养。因为“国之大事，存亡之道，命在于将。将者，国之辅，先王之所重也”。（《论将》）“社稷安危，一在将军。”（《主将》）所以，对于将领的选拔、考察就不能不认真细致，因此，该书认为：“将有五材十过。……所谓五材者，勇、智、仁、信、忠也……所谓十过者，有勇而轻死者，有急而心速者，有贪而好利者，有仁而不忍人者，有智而心怯者，有信而喜信人者，有廉洁而不爱人者，有智而心缓者，有刚毅而自用者，有懦而喜任人者。”（《论将》）意即不同的人，具有不同的长处与短处，管理者对此应该有清醒的认识。

《六韬》还系统地论述了将领的自主权问题。如《立将》篇明确记述了国君于太庙誓师，以斧钺授将，将受命出征的具体仪式，而且还郑重其事地论述了将帅应有的统率三军、独断专行的权力，具体说就是：“国不可从外治，军不可从中御。二心不可以事君，疑志不可以应敌……军中之事，不闻君命，皆由将出。临敌决战，无有二心。若此，则无天于上，无地于下，无敌于前，无君于后。是故智者为之谋，勇者为之斗，气厉青云，疾苦驰骛，兵不接刃，而敌降服。战胜于外，功立于内。”这里的核心是“军不可从中御”和“军中之事，不闻君，皆由将出”，意思是“将在外，君命有所不受”。军队不能由国君在中枢机构中具体指挥，而应完全由将领根据战场上的实际情况来指挥，因为将领有自主权，就有了主动权，这样才能取得胜利。对于士卒，《六韬》也很重视其选拔与训练。

《六韬》是先秦兵书中集大成之作，受到历代兵家的重视，对后世有重大影响，在中国军事学术史上具有较高地位。张良、刘备、诸葛亮、孙权都重视《六韬》，《李卫公问对》一书中多次提到它，继《通典》后，唐人著书论兵也多次引用它。到了宋代，《六韬》成为朝廷颁定的《武经七书》之一，之后又被译成西夏文，在少数民族中流传。明、清两朝对《六韬》注释、集释、汇解者，也不乏其人。

《六韬》在国外颇受重视。日本战国时代的足利学校（培养军事顾问的学校）就曾把《六韬》与《三略》定为该校的主要教科书。据有关书目记载，日本研究译解《六韬》的著作有三十多种。此外朝鲜、越南等国也相继出版和翻译了《六韬》。

西方第一次翻译的中国兵书共四种，合称《中国军事艺术》，于1772年在法国巴黎出版，《六韬》就是其中一种。

《孙膑兵法》

《孙膑兵法》是中国古代的著名的军事著作之一，也是继《孙子兵法》后“孙子学派”的又一力作，是反映战国时期兵家思想的代表作之一。

《孙膑兵法》又名《齐孙子》，系与《孙子兵法》区别之故。此书的作者为孙膑。《汉书·艺文志》记载此书为八十九篇，图四卷，但自《隋书·经籍志》始，便不见于历代著录，大约在东汉末年便已失传。1972 年，临沂银雀山汉墓竹简出土，其中一部分竹简就包括《孙膑兵法》，由此，这部古兵法始重见天日。但由于年代久远，竹简残缺不全，损坏严重。经整理小组整理、编排，文物出版社于 1975 年出版了竹简本《孙膑兵法》，共收竹简 364 枚，分为上、下两篇，上篇 15 篇，下篇 9 篇，共 24 篇，篇数大大少于《汉书·艺文志》所记载的数目，因此也不是完善的版本。对于这批简文，学术界一般认为，上篇当属原著无疑，系在孙膑著述和言论的基础上经弟子辑录、整理而成；下篇内容虽与上篇内容相类，但也存在着编撰体例上的不同，是否为孙膑及其弟子所著尚无充分的证据。1985 年，文物出版社出版的《银雀山汉墓竹简（壹）》中，收入《孙膑兵法》凡 16 篇，系原上编诸篇加上下篇中的《五教法》而成，其篇目依次为：《擒庞涓》《见威王》《威王问》《陈忌问垒》《篡卒》《月战》《八阵》《地葆》《势备》《兵情》《行篡》《杀士》《延气》《官一》《五教法》《强兵》。

《孙膑兵法》特别重视道，这一点和《六韬》很相似，在《孙膑兵法》的治国、治军以及治敌各个方面，都反复强调道的作用。

第一，《孙膑兵法》不迷信赏罚的作用，认为必须“用民得其性”才能做到“则令行如流”，如果违背民性，赏罚就会失去作用，具体说就是“赏未行，罚未用，而民听令者，其令，民之所能行也。赏高罚下，而民不听其令者，其令，民之所不能行也。

使民虽不利，进死而不旋踵，孟贲之所难也，而责之民，是使水逆流也。”比起特别迷信赏罚的作用的《尉缭子》，《孙膑兵法》的见识要更深一层。该书认为顺应民性，就是合乎“道”，充分反映了作者孙膑受黄老道家思想的影响。

第二，《孙膑兵法》在《威王问》篇中阐述了战争是政治斗争工具这一战争观，明确地指出，战争不是什么别的，而是先王布“道”，为社会创造和平的生活环境，但是，依靠空口说教办不到，所以才“举兵绳之”，“天将救之，以慈卫之”，用战争的手段禁止争夺。然而，战争作为政治斗争的工具，并不是可以经常使用的。战胜固然可以“存亡国，继绝世”，而一旦战败，则会“削地而危社稷”。所以，对待战争“不可不察”，要慎之又慎，喜好战争的国家一定灭亡，贪图胜利的人一定受辱。

《孙膑兵法》同时指出，战争作为布道的手段，进行战争一定要谨慎，另外，经济是战争的基础，只要有充足的物质准备，小城照样能巩固坚守。该书在《强兵》篇中又进一步提出，要想强兵，当务之急在于“富国”，明确揭示了战争对于经济的依赖关系，在理论上发展了孙武所提出的“因粮于敌，取用于国”的论题。

第三，《孙膑兵法》发展了孙武“任势”的军事理论，明确提出了“因势而利导之”的作战原则。《吕氏春秋·不二篇》说：“孙膑贵势”，这指明了孙膑兵法的特点。势是战争态势，是敌我双方军事实力（包括兵力、武器装备、军事物资等）的布局。孙武在《孙子兵法》中就提出了“任势”，即驾驭战争态势的思想。孙膑则在此基础上，于《孙膑兵法》中提出创造和争取有利作战态势的各种原则。如该书《威王问》篇中说：“势者，所以令士必斗也”，而“士”的“斗”都应当在创造优势的条件下进行。在应付“敌众我寡，敌强我弱”的战争态势时，《孙膑兵法》提出要“让威”，即避开敌人锋芒，隐蔽好后续部队，以便使我军能随时转移。主力部队将持长兵器的战士排在前面，持短兵器的战士排在后面，选派弩机手援救危急，等待敌人攻击能力下降，再行反击。

战争是瞬息万变的，所以要及时抓住有利战机。对此，《孙膑兵法》还把弓弩比喻为“势”，也正是在于说明战争就是要争取发射弩矢的那一最有利的瞬间。

第四，《孙膑兵法》还注意利用各种地形创造有利的态势。该书《官一》篇说：在山险中作战，要放开谷口，把敌人引出山谷来交战。在杂草丛生的地方作战，要虚设旌旗，诱敌深入，进行消灭。同时，自己要抢占有利地势，攻击处于不利地势上的敌人，这叫作“居生击死”。总之，《孙膑兵法》主张把握有利战机，利用一切可能的条件，创造有利于我、不利于敌的态势，以争取战争的胜利。

总之，《孙子兵法》是战国时期战争实践的理论总结，继承了前辈军事家的优秀成果，又对这些成果进行了发挥创造，在中国军事思想史上占有重要地位。

《三略》

《三略》，亦称《黄石公三略》，为我国古代著名的军事著作，为道家兵书，相传作者是汉初道家隐士黄石公。最早提及此书的是司马迁，据《史记·留侯世家》中载：张良刺杀秦始皇未成，遭追捕，被迫隐姓埋名藏匿于下邳（今江苏邳县），在这里遇见一位老者，授其一部《太公兵法》（一作《黄石公三略》，以下简称《三略》），其后此公便不见于史载。张良得书，潜心研究，后帮助刘邦取得天下，建立了西汉政权。但据考证，《黄石公三略》的成书当不早于西汉中期，它是后人在吸收先秦优秀军事思想的基础上，总结秦汉之际政治统治和治军用兵的经验，假托前人名义编纂而成，其中有许多独到之处。

《三略》侧重于从政治策略上阐明治国用兵的道理，不同于其他兵书。它是一部糅合了诸子各家的某些思想、专论战略的兵书。北宋神宗元丰年间，《三略》被编入《武经七书》，到了南宋时期，晁公武称《三略》：“论用兵机之妙、严明之决，军可以死易生，国可以存易亡。”目前，该书已经成为世界各国将领必读的书籍之一。

《三略》分上略、中略、下略三个部分，共3800余字。与前代兵书相比，《三略》的主要特点有以下几个方面。

第一，《三略》是一部专论战略的兵书，尤其侧重阐述政略，这是该书的一个显著特点。从这个角度来看，它也是我国古代第一部专讲战略的专著。

第二，《三略》强调民本思想，注重收揽人心、民心，这也是该书思想的核心。《三略》开篇即指出："夫主将之法，务揽英雄之心，赏禄有功，通志于众。故与众同好，靡不成；与众同恶，靡不倾。治国安家，得人也；亡国破家，失人也。"从而从战略的高度，指出人心向背对于治国安邦的重要意义。这里的"英雄"指德才杰出的文臣武将，"通志于众"的"众"指民众、庶民。由此可见，《三略》不仅强调收揽英雄之心，同时指出君主的意愿要与民众相贯通，强调上下要同心，从而体现了该书的民本思想。

第三，《三略》体现了较强的兵本思想，强调士兵在战争中的作用。该书认为："夫统军持势者，将也；制胜破敌者，众也。以寡胜众者，恩也；以弱胜强者，民也。"并指出"能使三军如一心，则其胜可全"。《三略》的兵本思想，是中国古代汉族军事思想史上的重大进步。

第四，《三略》大量引用古代兵书《军谶》《军势》中的内容来表达自己的思想，共引用了700余字，占全书的1/6强，因而为后人保留了这两部已佚兵书的部分精华。

如借《军谶》之语，主张治国统军要根据具体情况的发展变化，柔、弱、刚、强四者兼施、巧妙运用，指出柔能制刚，弱能制强，并解释说："柔者，德也；刚者，贼也。弱者人之所助，强者怨之所攻。"因此只有"柔有所设，刚有所施，弱有所用，强有所加，兼此四者而制其宜"，即四者同时使用才会使国家强盛、前途远大，单纯用柔用弱或用刚用强，都将使国家衰弱、灭亡。

《三略》还引用《军谶》之语“兴师之国，务先隆恩；攻取之国，务先养民”的思想，强调富国先富民，只有国富民强，才能克敌制胜。同时从注重收揽人心的角度出发，《三略》指出治国统军的根本在于“察众心，施百务”，即体察各类人物的心理特征和变化，采取相应的对策，并列举出 20 个心态各异的人物，并逐一提出治理办法，总的原则是，消灭怀有敌意的人，争取一切可以利用的人。

第五，《三略》十分重视收揽英雄之心，认为“英雄者，国之干；庶民者，国之本。得其干，收其本，则政行而无怨”。它还指出“夫为国之道，恃贤与民”，这里的“贤”也即英雄，认为不仅要使贤如腹心，而且要“获城割之，获地裂之，获财散之”，依功进行封赏，并且“赏功不逾时”。

第六，《三略》对于庶民百姓，强调要广施恩惠，爱护民众，具体应做到“务耕桑，不夺其时；薄赋敛，不匮其财；罕徭役，不使其劳”，这样既可以获得民众的支持，同时也增加了国力。

第七，《三略》认识到，人的主观认识是客观存在的反映，指出“端末未见，人莫能知”，并认识到事物都是发展变化的，因此提出战略战术的制定，要依据敌情的实际变化而不断修正、改变，“不为事先，动而辄随”，这些思想都体现了该书朴素的军事哲学思想。

第八，《三略》提出了一整套克敌制胜的军事战略原则，十分强调对战略要地的占领和控制，要求“获固守之，获厄塞之，获难屯之”，这种思想既是对前人在险要地形用兵战术的继承，又是对秦汉以来战争经验的总结。

《三略》问世后，成为历代王朝统治者和带兵将领的必读之术，成为兵学史上备受瞩目的书籍，流传至今。

《李卫公问对》

《李卫公问对》又称《唐太宗李卫公问对》《李靖问对》，或简称《唐李问对》《问对》，是兵家著作，由著名军事家李靖撰，内容是唐太宗李世民与李靖讨论军事问题的言论辑录。由于此书在史书《旧唐书》和《新唐书》没有记载，因而学者一般认为此书多半是后人托名之作。

现存的《李卫公问对》共三卷，分为上、中、下三部分，一万余字，记录了唐太宗与李靖的问答九十八条次，内容丰富，多联系唐以前战例及太宗、李靖本人的亲身经历，参照历代兵家言论，围绕着夺取主动权、奇正、虚实、主客、攻守、形势等问题进行讨论，阐述其军事思想。清纪昀《四库全书总目提要》说："其书分别奇正，指画攻守，亦易主客，于兵家微言，时有所得。"这一概括应该说是简明扼要的。从总体来看，该书主要表现了李靖如下几个方面的军事思想：

第一，提出了"致人而不致于人"的思想。所谓"致人而不致于人"，就是掌握战场上的主动权，让敌人受制于己方，而不让己方受制于敌方。李靖在书中提出的奇正、虚实、攻守等，都是为了实现“致人而不致于人”的目的。也可以说，李靖的整套战略战术都是围绕这一中心来设计的。客观地说，这种“致人而不致于人”的思想并非李靖的首创，在《孙子兵法》等兵书中都有反映，但都没有李靖强调得这么突出。

第二，发展了奇正的思想。“奇”与“正”是中国古代军事思想的一对重要范畴。自从《老子》提出“以正治国，以奇用兵”后，《孙子兵法》提出了“凡战者，以正合，以奇胜”“战势不过奇正，奇正之变，不可胜穷”的观点，其他各兵家都对奇、正问题提出了不同的看法和解释。《李卫公问对》对这一问题的贡献和发展表现在：一是进一步充实了奇、正的内容，认为奇、正包含着丰富的内涵。例如，它认为，对敌进行政治声讨是正，进行军事打击是奇；公开出兵是正，奇袭是奇；主攻方向或主要防御方向是正，助攻方向或次要防御方向是奇；前进为正，后退为奇，等等。二是提出了“正亦胜，奇亦胜”的思想。《孙子兵法》曾提出了“凡战者，以正合，以奇胜”的思想，而《李卫公问对》则认为，善于用兵的人，无处不是正，无处不是奇。问题的关键在于怎样运用奇、正，只要运用得巧妙，用正兵也能胜，用奇兵也能胜。对此，该书说：“善用兵者，无不正，无不奇，使敌莫测。故正亦胜，奇亦胜。”这就对《孙子兵法》中“以正合，以奇胜”的思想有了新的发展，不再局限于“以奇胜”了。

另外，在《孙子兵法》中，孙武已经论述到了奇、正之间的相互转化，《李卫公问对》进一步说明了这一问题。它认为，如果把奇、正看成是相互分裂的两个方面，“奇正素分”“以奇为奇，以正为正”，那将是十分错误的，这是不懂得“奇正相变，循环无穷”的道理。所以，作为将领，“正而无奇，则守将也；

奇而无正，则斗将也，奇正皆得，国之辅也”。仅有奇或仅有正，都有偏颇，只有将二者结合起来加以变化，才是完美的。

第三，把示形、虚实、分合的思想同奇正思想相结合。所谓“示形”，就是将真实的目的、意图、行为藏而不露，让敌人看到的是假象，以达到欺骗敌人的目的。这一思想最早也是孙子提出来的。《李卫公问对》则把“示形”与奇、正联系起来，认为“示形”，就是用奇兵迷惑敌人，而不是用正兵。它说：“故形之者，以奇示敌，非吾正也；胜之者，以正击敌，非吾奇也。此谓奇正相变。”通过“示形”，也就是把奇兵变为正兵，把正兵变为奇兵，使敌人不知虚实，无法了解真实情况。

《李卫公问对》还把虚实同奇正联系起来。“避实击虚”是《孙子兵法》的一个重要思想。《李卫公问对》也极其重视虚实问题，它说：“孙武十三篇，无出虚实。夫用兵，识虚实之势，则无不胜焉”，因而把虚实同奇正联系起来，说：“奇正者，所以致之虚实也。敌实，则我必以正；敌虚，则我必以奇。”

《李卫公问对》还把分合与奇正联系起来，认为在兵力使用上不能过分分散，也不可绝对集中，而应“有分有聚，各贵适宜”，“兵散，则以合为奇；合，则以散为奇”。由上可知，奇正问题虽非李靖首先提出来，但他确实是有发展的。

第四，提出了“攻守一法因情而动”的思想。《李卫公问对》的这种思想表现在两个方面：一是攻守“同归于胜”，即“攻是守之机，守是攻之策，同归于乎胜而已矣”。也就是说，相对于防御而言，进攻是防御的转机，防御对于进攻来说，是一种手段或策略，两者的目的都是为了取得胜利，是殊途同归、密不可分、相辅相成的。该书同时认为，在战争中，敌我双方往往是一方处于守势，另一方处于攻势，反之亦然。它说：“攻守一法，敌与我分为二事。若我事得，则敌事败；敌事得，则我事败。得失成败，彼我之事分焉。攻守者一而已矣，得一者百战百胜。”因此，不能把攻守看成两种相互分割的作战形式，“若攻不知守，守不知攻，不惟其二事，抑又二其官”。这就是说，在作战中，如果进攻时不知防守，防守时不知进攻，这样不仅会把攻守看成相互分割的两个方面，而且也会把它们看成具有两种不同的目的，从而违背了“同归于胜”的原则。

二是对《孙子兵法》“守则不足，攻则有余”的思想提出了新的解释。曹操在给《孙子兵法》作注时，把“守则不足，攻则有余”这一思想解释为“吾所以守者，力不足也；所以攻者，力有余也”。这主要是从己方力量的“不足”和“有余”来说明攻和守的。《李卫公问对》则认为：“‘守则不足，攻则有余’，便谓不足为弱，有余为强，盖不悟攻守之法也。”又说：“‘不可胜者，守也；可胜者，攻也’。谓敌未可胜，则我且自守；待敌守胜，则攻之耳，非以强弱为辞也。”李靖强调的不是己方力量的“不足”和“有余”，而是认为攻守与“敌未可胜”和“敌可胜”的关系。也就是说，当“敌未可胜”时，即使我力量有余，也不应盲目进攻，而要防守；相反，如“敌可胜”，即使我方力量不足，也要进攻而不应防守，这就把攻守策略的实施取决于己方力量转变为取决于是否有机可乘或成败的概率。同时，《李卫公兵法》强调要因情变化，即将帅要根据战场上的情况，使敌“变主为客”，使己“变客为主”。当然，攻守中还要注意“心战”，进攻时，不仅要“攻其城，击其阵”，还要攻敌之心，瓦解士气；防守时，不仅要“完其壁，坚其阵”，还要保持旺盛的士气。

第五，重视管理教育和军事训练。《李卫公问对》十分重视军队的管理教育和军事训练，强调将帅要深晓训练方法，并提出分三个阶段训练军士，即由单兵到多兵，由分练到合练，由浅入深、循序渐进的训练方法。此外，该书对古代阵法布列、军事制度、兵学源流及教阅与实践的关系等一系列问题也进行了探讨。

《李卫公问对》丰富和发展了《孙子兵法》的思想，在中国历史上产生了比较大的影响。在宋代被列入《武经七书》之一，成为武科必读之书，今天仍有研究价值。

《太白阴经》

《太白阴经》全称为《神机制敌太白阴经》，中国古代重要兵书，共10卷。中国古人认为太白星主杀伐，因此多用来比喻军事，《太白阴经》的名称由此而来。作者为唐朝的李筌。

李筌，生卒年不详，约生活于唐玄宗至唐代宗期间，唐代宗时曾任河东节度使都虞侯，《集仙传》一书称其仕至荆南节度副使、仙州刺史等。

《太白阴经》一书内容较为丰富。它强调战争胜败决定于人谋而不靠阴阳鬼神；士兵之勇怯取决于刑赏；战争的胜利取决于君主的“仁义”以及国家的富强。

在论述将帅用兵时，该书指出要考虑从政治上制胜敌人，团结内部，预有谋划，选拔各种人才，要利用地形创造主动有利的态势。

对军仪典礼、各类攻防战具、驻防行军等各项准备事宜，以及战阵队形、公文程式和人马医护、物象观测等，该书也分别作了具体论述。这些内容，基本上是综合前代兵书典籍及有关著作写成，且有所阐发，其中存录了不少有价值的军事资料。

在唐代，杜佑于《通典·兵典》中取该书内容颇多，之后，《太白阴经》亦为后世兵家所重。书中有朴素的辩证法思想，但不可否认的是，该书也存在风角杂占、奇门遁甲等不科学的内容。

《虎钤经》

《虎钤经》是中国宋代著名兵书。“虎”为“虎符”，即“兵符”，“钤”即“锁钥”，《虎钤经》即为开启兵符锁钥之书，掌兵权者应备之经，共20卷。该书始撰于宋太祖建隆二年（公元961年），完成于宋真宗景德元年（公元1004年）。现存有明嘉靖刊本及清《四库全书》等刊刻本。

《虎钤经》的作者为许洞。许洞，字渊夫，生卒年不详，北宋吴郡（今江苏吴县）人，生活于北宋初年。史称许洞精通《左传》，早年潜心著书，直至咸平三年（公元1000年）中进士，在雄武军中任推官（掌司法事务），后因不能与当局苟合，触怒了知州马知节，被罢官。景德二年（公元1005年），朝廷开韬略运筹决策科，许洞乘机向宋真宗奏献《虎铃经》。当时，宋真宗正在急于与契丹议和，该书并未引起朝廷的重视，只任命许洞为均州（今湖北西北部）参军，后又改任乌江（今安徽和县乌江镇）主簿，之后许洞死于任上。许洞除著《虎铃经》外，还有《春秋释幽》五卷，《演玄》十卷，《集》百卷，但均已失传。

《虎铃经》吸收了《孙子兵法》和《太白阴经》的精华，使之更加通俗易懂。该书根据天时人事的变化加以推衍，既祖述古人，又有作者的见解。其中奇谋诡道，凡适于兵家需要，就广为搜罗，不受“六经”的束缚。该书上言人谋，中言地利，下言天时，兼及风角占候、人马医护等内容。

具体来说，《虎铃经》认为天、地、人三者的关系应是“先以人，次以地，次以天”。该书首先强调人在战争中的地位和作用，要求将帅应“观彼动静”而灵活用兵，做到“以虚、含、变应敌”。书中指出，尽管天时有吉凶，地形有险易，战势有利害，如能吉中见凶、凶中见吉，易中见险、险中见易，利中见害、害中见利，就能用兵尽其变。书中还认为，战争要以“粮为本，谋略为器”，谋略的运用必须在一定物质基础之上，而谋略的运用本身就包括对军用的谋划等广泛的内容：即“欲谋用兵，先谋安民；欲谋攻敌，先谋通粮；欲谋疏阵，先谋地利；欲谋胜敌，先谋人和；欲谋守据，先谋储蓄；欲谋强兵，先谋赏罚”等。在作战的实施过程中，还要注意善于“夺恃”，包括夺气、夺隘、夺勇等，即创造压倒敌人的有利条件。另外要善于“袭虚”，即以佯动等手段，造成敌人的错觉，使敌人失去主动，从而保证自己能主动采取行动。还要善于“任势”，即乘敌懈怠攻击、乘敌不意攻击、乘势扩张战果等。

《虎钤经》还主张要善于逆用战法，不要把兵法原则看成僵死的教条，这样才能收到出其不意之效，该书前五卷理论性较强，以后各卷均为具体战法和古代行军作战的事宜，还包括天文、历法、记时及方位识别等知识，都是其他兵书所罕见的。

总之，《虎钤经》内容翔实充足，全书以独特的视角将不同兵家学派的内容融合汇总，在行军作战方面、武装军备方面，以及在不同战役形式上，都给予了详细的记录和评价。不过，书中还记载了“六壬遁甲”“风云气候”“星辰日月”等迷信的东西，虽然作者也认为这些“远于人事”，但世有流传，也“不敢遗漏”，这是不足取的。

《武经总要》

《武经总要》是北宋官修的一部军事著作，作者为宋仁宗时的文臣曾公亮和丁度，两人奉皇帝之命用了五年的时间编成。该书是中国第一部规模宏大的官修综合性军事著作，对于研究宋朝以前的军事思想非常重要。其中大篇幅介绍了武器的制造，因而对古代中国军事史、科学技术史的研究也很重要。

具体来说，《武经总要》具有以下几个方面的特点。

第一，《武经总要》详尽记述和介绍了北宋时期军队使用的各种冷兵器、火器、战船等器械，全书分前、后两集，每集 20 卷。前集的 20 卷详细反映了宋代军事制度，包括选将用兵、教育训练、部队编成、行军宿营、古今阵法、通信侦察、城池攻防、火攻水战、武器装备等。特别是第 10 至第 13 卷，如《攻城法》《水攻》《水战》《守城》等攻战篇，不但记录了与这几种战法有关的兵器装备，还记录了防御工事和战舰的情况。第 10 卷《器图》，集中了当时军队的各种武器装备，每一件都有清晰的插图，仅第 10 至第 13 卷的四卷中，就附有各式插图 250 幅以上，这些精致的图像使得当时各种兵器装备具体形象地呈现在我们面前，是研究中国古代兵器史的宝贵资料。后集 20 卷辑录有历代用兵故事，保存了不少古代战例资料，分析品评了历代战役战例和用兵得失。

第二，宋代的兵器继承了汉唐以来的传统，从《武经总要》中记录的许多兵器类型，可以清楚地看出它们从汉代以后，经过唐、五代的发展变化，由这部书作了总结后，又影响到北宋以后的兵器类型，可以说《武经总要》起到了承上启下的作用。

第三，《武经总要》收录了不少北部和西北部少数民族的优秀兵器的图谱样式。如该书《器图》篇中的“铁链夹棒”，书中明白地注明是从“西戎”处学来的，是北方少数民族骑兵用来攻击宋代步兵的兵器，被北宋部队吸收过来，经过改造，成为更适用的兵器。因此，北宋兵器装备的种类比以前增多了，锐利程度也有所加强。

第四，中国古代的冷兵器，主要是步兵兵器，在宋代达到了完全成熟的阶段。所谓“十八般兵器”，到此时已基本全部出现，且趋于定型，这些兵器在《武经总要》中几乎都有记录。

第五，北宋的军队仍以步兵为主，所以《武经总要》中记录的各种冷兵器，也是以步兵兵器为重点，主要包括远射兵器、格斗兵器、防护装具三类。

总之，《武经总要》反映了宋仁宗时期宋王朝军事思想上的某些积极变化，重新重视和强调古代《孙子兵法》等兵书中用兵“贵知变”“不以冥冥决事”的思想，这在宋代军事史上是难能可贵的，书中还十分注重人在战争中的作用，主张“兵家用人，贵随其长短用之”，注重军队的训练，认为并没有胆怯的士兵和疲惰的战马，只是因训练不严而使其然。

《纪效新书》

《纪效新书》是明代著名将领戚继光所著，书中的内容都是他在东南沿海平倭战争期间练兵和治军经验的总结。全书共18卷，写成于戚继光调任浙江抗倭的第六年即嘉靖三十九年（公元1560年）。

《纪效新书》在总序中紧密结合东南沿海的地形、我情与倭情，论述了练兵的必要性和重要性，提出了一套较为完整的练兵理论和计划。在正文18卷中详细而又具体地讲述了兵员的选拔和编伍、水陆训练、作战和阵图、各种律令和赏罚规则、诸种军诫兵器及火药的制造和使用、烽堠报警和旗语信号等建军作战的各个方面，并有大量形象逼真的兵器、旗帜、阵法、习艺姿势等插图。书中还详细记述了戚继光发明的鸳鸯阵，即一种以牌为前导，筅与长枪，长枪与短兵互防互救，双双成对的阵法，以及鸳鸯阵的变体“三才阵”。该阵法组成人数较少，用于冲锋时追歼敌军。

具体来说，《纪效新书》具有以下几个方面的特点。

第一，《纪效新书》语言通俗，“其词率如口语，不复润饰”（《四库全书总目提要》）。全书结合士卒实际讲道理，情深意切，易学易记，如在《禁令篇》对士卒说：“凡你们当兵之日，虽刮风下雨，袖手高坐，也少不得你一日三分。这银分毫都是官府征派你地方百姓办纳来的。你在家那个不是耕种的百姓，你肯思量在家种田时办纳的苦楚艰难，即当思量今日食银容易，又不用你耕种担作，养了一年，不过望你上阵杀胜。你不肯杀贼保障他，养你何用？就是军法漏网，天也假手于人杀你。”

第二，《纪效新书》“乃集所练士卒条目”汇辑而成，类似军中各种条例条令的汇编。在这些条款中，比较充分地反映了戚继光在东南沿海抗倭时练兵、作战的思想。该书针对当时“浙兵”腐败、战斗力低下的状况，首先强调要从严治军，提出了创立兵营、选兵、练兵的三部曲，并制定了整顿军队的六条措施：“一曰首正名分，使指挥千百户旗军丁舍，秩然有序，而卫所之号令，必行于上下；二曰拿治剥军贪官，以苏久困之卒，使士气渐裕；三曰重治刁军刁官，使卫所之官，敢于任事；四曰禁所伍越序文移，无印白呈，以肃军政；五曰谕以忠义，厚恤战亡，以劝亲上使长之念；六曰清磨户口，均编差役，以养荷戈之力。”（《新任台金严请任事公移》）书中主张“恩威兼著，情法相融。中有梗玩者，重治以警其余”。（《纪效或问》），还形象地把威严比作

舟，把恩信比作舵，认为“载人者舟之功，而可以使之载者则舵也”。（《束伍篇》）

第三，《纪效新书》特别重视选兵，开篇第一句话就是“兵之贵选”。（《束伍篇》）认为选兵“其法惟在精”（《束伍篇》），反对“用城市游滑之人”“奸巧之人”，主张用“乡野老实之人”。对于选兵的具体标准，认为“丰伟”“武艺”“力大”“伶俐”四条既不可废，亦不可专恃，“惟素负有胆之气，使其再加力大，丰伟伶俐，而复习以武艺，此为锦上添花”。（《束伍篇》）然而这样的人不易选到，相比之下，最主要的条件是“必精神力貌兼收”，因为武艺差可以教习。对于选来的士卒，要根据各自不同的特点发给他们兵器，“皆当因其材力而授习不同”，“如藤牌宜于少壮便健，狼筅长牌宜于健大雄伟，长枪短兵宜于精敏有杀气之人。”（《束伍篇》）

第四，在练兵方面，《纪效新书》特别强调按实战要求从难从严训练，反对只图好看的花架子。认为“设使平日所习所学的号令营艺，都是照临阵的一般，及至临阵，就以平日所习者用之，则于操一日，必有一日之效，一件熟，便得一件之利”。（《纪效或问》）并批评不按实战要求的训练方法是“虚套”，“就操一千年，便有何用，临时还是生的”。书中还尖锐地指出，“各色器技营阵杀人的勾当，岂是好看的”。（《纪效或问》）“凡武艺，不是答应官府的公事，是你来当兵防身立功、杀贼救命本身上贴骨的勾当。你武艺高，决杀了贼，贼如何又会杀你。你武艺不如他，也决杀了你。若不学武艺，是不要性命的呆子。书中规定：“凡比较武艺，务要俱照示学习实敌本事，真可对搏打者，不许仍学习花枪等法，徒支虚架，以图人前美观。”（《比较篇》）重视号令训练，规定：“各便宜简明号令，合行刊给，各于长夜，每队相聚一处，识字者自读，不识字者就听本队识字之人教诵解说，务要记熟。”要求将士“耳只听金鼓，眼只看旗帜”“大家共作一个眼，共作一个耳，共作一个心”。（《号令篇》）另外，《纪效新书》还重视平时养成训练，认为“操兵之道，不独执旗走阵于场肆而后谓之操，虽闲居坐睡嬉戏亦操也”。（《纪效或问》）并认为“训练毕竟与实战有所差别，平日十分武艺，临时如用得五分，便可成功”。“开大阵，对大敌，比场中较艺擒捕小贼不同。堂堂之阵，千百人列队而前，勇者不得先，怯者不得后，丛枪戳来，丛枪戳去，乱刀砍来，乱杀还他，只是一齐拥进，转手皆难，焉能容得左右动跳；一人回头，大众同疑，一人转移寸步，大众亦要夺心，焉能容得或进或退。”（《纪效或问》）

第五，《纪效新书》要求将帅不仅要有带兵制敌的文韬武略，而且要精通各种技艺，要做士卒的表率，不仅战时与士卒患难与共，而且平时也要处处与士卒同甘共苦。书中指出：“为将之道，所谓身先士卒者，非独临阵身先，件件苦处，要当身先。所谓同滋味者，非独患难时同滋味，平处时亦要同滋味，而况技艺岂可独使士卒该习，主将不屑习乎？”（《纪效或问》）

第六，《纪效新书》特别强调赏罚在治军中的作用，主张赏罚要公正，赏不避仇，罚不避亲。书中指出：“凡赏罚，军中要柄。若该赏处，就是平时要害我的冤家，有功也是赏，有患难也是扶持看顾；若犯军令，就是我的亲子侄，也要依法施行，决不干预恩仇。”（《禁令篇》）书中还制定了许多具体的训练纪律，各项赏格罚条、连坐法等。制订了严格的民众纪律，如规定：“砍伐人树株，作践人田产，烧人屋房，奸淫作盗，割取亡兵的死头，

杀被掳的男子，污被掳的妇人，甚至妄杀平民，假称贼级，天理不容，王法不宥者，有犯，决以军法从事抵命。”（《禁令篇》）

第七，《纪效新书》重视兵器在战争中的作用，认为：“器械不利，以卒予敌也；手无博杀之方，徒驱之以刑，是鱼肉乎吾士也。”（《长兵篇》）书中以大量篇幅记述了各种兵器的制造、形制、样式、作用、习法等。并对长短兵器的使用进行了较为深入的探讨，认为“长则谓之势险，短则谓之节短”。（《长兵篇》）同时，该书主张长兵短用、短兵长用，即用长兵器要在较近的有效距离内攻击；短兵则先用标枪袭敌，然后乘敌躲闪之机杀入。书中还记述了戚继光就地取材而发明的新兵器“狼筅”，即用节密枝坚的竹子削制而成的一种兵器，戚继光称其为“行伍之藩篱，一军之门户”（《牌筅篇》）。

总体来讲，《纪效新书》是明代著名兵书，它出于抗倭名将之手，所述内容具体实用，既是抗倭中练兵实战的经验总结，又反映了明代训练和作战的特点，尤其是反映了火器发展到一定阶段上对作战形式的变化，成为明朝军队热兵器化的佐证，具有较高的军事学术价值。该书在明朝万历壬辰战争时期传入朝鲜，被奉为军事科学经典大量刊印。但是，《纪效新书》作为一部当时实用的兵书，随着军事技术的发展，许多条款早已不适用了，同时里面也夹杂着一些糟粕，如用所谓“相法”选士，“忌凶死之形，重福气之相”；认为士卒是愚人等，这是我们在肯定它的价值的时候特别需要指出的。

《三十六计》

《三十六计》又称《三十六策》，是指中国古代三十六个兵法策略，它是根据中国古代军事思想和丰富的斗争经验总结而成的兵书，是中华民族悠久的文化遗产之一。

“三十六计”一语，先于著书之年，语源可考自南朝宋将檀道济（？—公元 436 年），据《南齐书·王敬则传》：“檀公三十六策，走为上计，汝父子唯应走耳。”意为败局已定，无可挽回，唯有退却，方是上策。此语后人赓相沿用，宋代惠洪所著的《冷斋夜话》一书中说：“三十六计，走为上计。”至明末清初，引用此语的人更多，于是有心人采集群书，编撰成《三十六计》，但此书为何时何人所撰已难确考。

《三十六计》一书按计名排列，共分六套，即胜战计、敌战计、攻战计、混战计、并战计、败战计。前三套是处于优势所用之计，后三套是处于劣势所用之计。每套各包含六计，总共三十六计。其中每计名称后的解说，均系依据《易经》中的阴阳变化之理及古代兵家刚柔、奇正、攻防、彼己、虚实、主客等对立关系相互转化的思想推演而成，含有朴素的军事辩证法的因素。解说后的按语，多引证宋代以前的战例和孙武、吴起、尉缭子等兵家的精辟语句。全书还有总说和跋。

《三十六计》是古代汉族兵家计谋的总结和军事谋略学的宝贵遗产，为便于人们熟记这三十六条妙计，有位学者在三十六计中每取一字，依序组成一首诗：

金玉檀公策，借以擒劫贼。
鱼蛇海间笑，羊虎桃桑隔。
树暗走痴故，釜空苦远客。
屋梁有美尸，击魏连伐虢。

全诗除了檀公策外，每字包含了三十六计中的一计，依序为：金蝉脱壳、抛砖引玉、借刀杀人、以逸待劳、擒贼擒王、趁火打劫、关门捉贼、浑水摸鱼、打草惊蛇、瞒天过海、反间计、笑里藏刀、顺手牵羊、调虎离山、李代桃僵、指桑骂槐、隔岸观火、树上开花、暗度陈仓、走为上、假痴不癫、欲擒故纵、釜底抽薪、空城计、苦肉计、远交近攻、反客为主、上屋抽梯、偷梁换柱、无中生有、美人计、借尸还魂、声东击西、围魏救赵、连环计、假道伐虢。

另有一好事者，也作了一首伏头藏尾打油诗，曰：

下策金玉借，以指劫擒贼；
草鱼海间笑，山羊桃中击；
树暗痴故走，釜空苦远客；
屋梁连人尸，隔魏虢国灭。

诗去掉头尾的“下策”“国灭”各二字，余三十六字，一字一计，依序为：金蝉脱壳、抛砖引玉、借刀杀人、以逸待劳、指桑骂槐、趁火打劫、擒贼擒王、关门捉贼、打草惊蛇、浑水摸鱼、瞒天过海、反间计、笑里藏刀、调虎离山、顺手牵羊、李代桃僵、无中生有、声东击西、树上开花、暗度陈仓、假痴不癫、欲擒故纵、走为上、釜底抽薪、空城计、苦肉计、远交近攻、反客为主、上屋抽梯、偷梁换柱、连环计、美人计、借尸还魂、隔岸观火、围魏救赵、假道伐虢。

作为我国古代一部讲述战争谋略的智慧读本，《三十六计》一经问世，即受到兵家的关注与推崇。它所体现的朴素的军事辩证法和所叙述的切实可靠的谋略计策，成为古代兵家行军作战的决胜宝典，对后世影响深远。如今，《三十六计》的价值早已超出了军事斗争的范畴，广泛应用于政治、经济、外交、科技、体育等许多领域，具有很强的现实指导意义。

《读史方舆纪要》

《读史方舆纪要》原名《二十一史方舆纪要》，简称《方舆纪要》。古代汉族历史地理、兵要地志专著，是清朝初年顾祖禹所撰。

顾祖禹，字瑞五，号景范，江苏无锡人，生于明崇祯四年（公元 1631 年），卒于清康熙三十一年（公元 1692 年）。由于久居无锡城东宛溪，被学者称为宛溪先生。他自幼聪颖过人，好学不倦，背诵经史如流水，且博览群书，尤好地理之学。崇祯十七年（公元 1644 年），清兵入关，顾祖禹随父避居常熟虞山。自 1659 年始，顾祖禹边教私塾，边开始《读史方舆纪要》的著述。经过 30 余年的笔耕奋斗，约在康熙三十一年（公元 1692 年）前，也就是顾祖禹 50 岁左右时，终于完成了这部举世闻名的历史地理巨著。

顾祖禹著述《读史方舆纪要》的主要目的之一即是为反清复明之需，因而十分注重对于军事的记述。他鉴于明朝统治者不会利用山川形势险要，未能记取古今用兵成败的教训，最后招致亡国的历史，在书中着重论述州域形势、山川险隘、关塞攻守，引证史事，推论成败得失，“以古今之史，质之以方舆”。该书详细论述了历代兴亡成败与地理环境的关系，而对名胜古迹的记载则相对简单得多。不仅前面 9 卷专门论述历代州域形势，而且每省每府均以疆域、山川险要、形势得失开端。各省形势及其在军事上的重要性，皆有总序一篇进行论述。

《读史方舆纪要》每叙述某一地理实体时，必穷根究源备述其军事上的地位和价值。顾祖禹认为，地利是行军之本，地形对于兵家，犹如人为了生存需要饮食、远行者需靠舟车一样重要，只有先知地利，才能行军，加上“乡导”的帮助，“夫然后可以动无不胜”，这正是他在《读史方舆纪要》中，对于地理环境与战争得失成败的关系着重记述的初衷。难怪张之洞认为，“此书专为兵事而作，意不在地理考证”。梁启超也认为，“景范之书，实为极有别裁之军事地理”。

另外，《读史方舆纪要》综记“山川险易，古今用兵战守攻取之宜，兴亡成败得失之迹”，具有浓厚的历史军事地理学特色，其核心在于阐明地理形势在军事上的战略价值。该书指出，战守攻取应以分析地理形势为基础，无论“起事”之地，或“立本”之地，都需“审天下之大势”而后定，否则，不免于败亡。如“立本”之要在于择都，拱卫首都乃是军事建设的重心。

由于《读史方舆纪要》内容丰富、地名齐全、考订精详、结构严密，不但胜于唐代成书的《元和郡县图志》、宋代成书的《太平寰宇记》，而且超越明代成书的《寰宇通志》《大明一统志》。若与清代历史地理巨著、官修的《大清一统志》相比，也是各有千秋，并不逊色。因而成书以后，为兵家所重，被誉为“千古绝作”“海内奇书”“古今之龟鉴、治平之药石”，是研究中国军事史、历史地理的重要文献，至今仍为历史地理学者乃至研究历史、经济、军事的学者们必读的重要参考书。

第四章　制度篇

——无规矩不成方圆

自从国家开始出现以来，每个朝代都拥有军队，随之而来的便是军事制度、军规法纪的形成。随着朝代的更替，这些内容也在不断变换着形态。本章选取一些较有特色的军事、征兵制度，向读者作一介绍。

夏商兵制

古时候中国的军事制度被称作“军制”以及“兵制”。它们是伴随着国家和军队的形成而产生的，产生以后就和整个国家的经济、政治制度相适应。

军事制度的产生体现着统治阶级的意志，同时也为统治阶级的利益而服务。

中国古代军制，从夏朝一直到清朝道光年间，经历了奴隶社会和封建社会两大发展阶段，同时伴随着政治制度的变化，从简单到复杂，从低级发展到高级。

中国古代军制主要包括：军事体制、编制、管理教育、训练、军事职官、兵役动员、军队的调发和战时指挥、粮饷兵器和马匹保障等各项制度。

中国古代军制最基本的作用在于保障军队供给和演练军队士卒，以便有效地准备和实施战争，以确保统治阶级权利的发展和稳固。

根据记载，在公元前 21 世纪中国历史上的第一个奴隶制国家夏朝，就建立了战时军队的编组和奖惩制度。

掌握着国家军政大权的夏王，同时也是“六事之人”当中最主要的政务官，在战时也是统军的将领。

到了商朝，最高的军事统帅是商王，同时以大臣和方国的首领作为高级军事将领。商军出现了“师”的编制单位，并且建立了“登人”和“登众”的兵役动员制度和以射、御、田猎为内容形式的训练制度。军队分为车兵和徒卒，以车兵为主要形式，装备是畜力驾挽的战车。

安阳一个商朝墓葬共出土五辆战车，前面三辆后面两辆，每一辆都有三套作战武器，这说明每一辆都有三名士兵；除此之外前面还有三个殉葬坑，每个坑里殉葬五个人，根据推测，这些人应该是前面三辆战车提供勤务的徒役。另外还有一处马坑，里面集中埋葬了二十五辆战车。

结合以上信息，再加上一些史料的记载，便可以推断出商代的战车编制实行的是五进位制，也就是总共二十五辆战车、五对人马，每一队里五辆战车组成战斗单位。如果一次出动的战车超过二三百辆，就会由商王亲自指挥。

在商代，每一乘战车配备三名甲士已经被考古证实，至于配备了多少步兵，仍众说纷纭。根据在战国时期成书的《司马法》当中记载的每一乘有十名甲士，这十名甲士有七名在车下作战，有三名在车上作战，同时还有二十名徒役，有人认为这二十名徒役当中有五个人负责养马和甲士的饮食，其余的十五人参加战斗。

对商朝军事制度的文字记录还是比较广泛的，在甲骨卜辞当中的记载就比较多。在卜辞当中，记载商王是最高的军事统帅，有的时候会亲自出征。同时，王室的妇女，比如商王武丁的配偶妇好也曾经率军出征。高级军事领导职务由贵族的大臣以及方国的首领担任，不打仗的时候他们就负责管理民众以及地方治安。

在甲骨文当中，经常会出现“射”“戍”等字，表明当时的军队成员已经有了不同的职守。贵族和平民也不会闲着，他们充当士卒的角色，平时会练习射和御，并且以狩猎的形式进行演习。

卜辞上还记载，战争时期因为兵士不够，还会根据需要进行征兵，一次征一千、三千、五千不等，最多的时候也有超过一万人的。通常情况下兵源以庶民为主，奴隶大多都充当杂役的角色。

商朝不光王室拥有很强大的军队，各个宗族以及各个方国也掌握着非常庞大的军队。据卜辞上记载，商王同时还管辖着这些宗族和各个方国的军队，无条件接受商王的调遣。

商朝的军队分为步卒和车兵，作战方式大都以车战为主。但是甲骨文当中也曾经出现过“步伐”的记载，这表明当时的商朝有独立的步兵队伍。

根据考古学家的发掘和甲骨文当中的记载，商朝军队的武器装备最主要的是战车、弓、箭、矛、刀、戈、斧、甘盾、头盔、甲胄等，这其中矛、刀、戈、斧、头盔等都是用青铜铸造的。此前曾经在商代贵族的陵墓当中出土过大量的武器，其中有七十捆矛，每捆十个，这说明商朝对于武器的存放也有一定的制度。

春秋战国的军制

春秋战国时期车战最基本的作战单位是乘，乘是以车、卒组合成的基本单元，也是当时军队最基本的编制单位。之所以这么说，是因为乘是以战车作为中心再配上一定数量的甲士和步兵，同时还有相应的后勤车辆和徒役组合而成的。

具体来说，每辆战车配有三名甲士，按照左、中、右的顺序排列。左面的甲士是一车之长，手中持有弓和箭，被称为“车左”，又叫作“甲首”；中间的是驾驭战车的御者；右方的甲士负责为战车排除障碍，手持戈或者矛，被称为“车右”，又叫作“参乘”。同时车上还配备有若干格斗兵器，比如戈、殳、戟、酋矛、夷矛等，它们放在战车的舆侧，供甲士们在作战当中使用。

主将在车上的位置比较特殊，御者在左，主将在中。除此之外还有四人共同乘坐一辆战车的情况，叫作“驷乘”，只不过这种情况属于临时搭载性的，并没有形成固定模式。

在春秋时期，车战发生了相当大的变化。战车的数量伴随着生产力的发展和兼并战争的加剧而大幅度增加，例如在公元前632年的城濮之战当中，晋国一次性出动了七百乘战车。到了春秋末年，像晋国和楚国这样大的诸侯国家，所拥有的战车数量均在四千乘以上，例如公元前506冬年冬前的柏举之战，所参战的战车均在千乘之上。

然而，伴随着战争的不断增加，各个诸侯国均出现了甲士的匮缺。同时伴随着战争规模的扩大，各个诸侯国也都逐渐增加了徒兵，这些徒兵所配备的装备非常简单，并且容易训练。每乘战车配备的步兵从二十二人增加到七十二人，同时取消了原来的七名车下的甲士，这七十二人加上车上的三名甲士，总共七十五人，以二十五人为一辆，一共是三辆。

这期间，原来与步车相脱离两线配置的方阵战术也改变为三个步兵为一组，以战车作为中心进行环形配置，将过去密集的队形改变成疏散的队形，加大了方阵纵深的范围，密切了与步兵的协同，同时提高了方阵对复杂地形环境的适应能力和前进速度。

在公元前575年的鄢陵之战当中，晋国苗贲皇首创翼侧攻击战术，推进了方阵战术新的发展。在这个时期，车战在时间和空间上都得到了扩展。一场战争往往是由若干规模不等又具有相同目标的战役所构成，且伴随着作战次数的增加，突袭、迂回、翼侧攻击、长途追击等这样的作战新形式开始出现。

在春秋战国之交，伴随着铁兵器的广泛采用，步兵普遍配备了改良型的弓弩，从而有效地遏止了敌方密集整齐的车阵进攻。伴随着战争性质的转变以及城邑地位的提高，对要塞的争夺也越来越频繁，由此大大降低了战车在作战当中的地位。传统车战便逐渐被步骑战所取代。

春秋战国时期，各个战车队的战车都以一定方式展开成阵，阵指的是战车和步卒之间的排列，就是当时军队战斗的队形。方阵是最基本的形态。

在春秋初期，“阵”被称为“拒”，总体的配置是由左、中、右三个方针组成的。方阵的战术要求是让战车结成一个正面宽大的方阵来实施攻击，在当时军队会受到非常大的地形条件制约，因此一般都将战场选择在方便大量战车集结、展开的开阔的平原地区。

战国时期，各诸侯国都建立了统一的军队，国君成为军队的最高统帅，这是当时军队领导体制的最基本特征。军权高度集中，国君独揽军队调动、组建、征伐的大权，最主要的体现就是“虎符”制度。

同时，各国还拉开了募兵制的序幕，以各种方法招募兵员，例如以郡县为单位征集兵员等，并将男子服兵役的年龄规定为从十五岁到六十周岁之间。有些诸侯国采用招募和考选勇士的方法来征兵，例如魏国的“武卒”、齐国的“技击”、秦国的“锐士”，等等。

战国时期车兵的地位和春秋时期相比虽然有了大幅度的降低，但依然是军队当中最重要的组成部分，步兵也逐渐代替了车兵，当时各国军队当中的主力兵种就是步兵。而骑兵也开始发展成为独立的兵种，从赵武灵王建立了强大的“胡服骑射”之后，各国都开始重视骑兵的建设，渐渐地骑兵成了军队当中最重要的兵种。

春秋战国时期是奴隶制解体和封建制度形成的大变动时期，它使代表新兴地主阶级利益的各诸侯国君，为了适应政治和经济的变革，在改革政治和经济制度的同时，纷纷改革军制。比如，齐国“作内政以寄军令”，郑国“作丘赋”，鲁国“作丘甲”，晋国“作爰田”“作州兵”。尤其是战国时期秦孝公任用商鞅实行变法，建立了军功爵制，完善了户籍、什伍编组制度，以及向农民征收军赋制度等。

总之，春秋战国时期的军制发生了非常多的变化，具体表现在以下几方面：

第一，一些诸侯国因为实行了改革，使得国力和军力逐步上升，周王室开始衰微，失去了对诸侯国的控制能力。

第二，产生了以征调农民为主的郡县征兵制，同时农民还要承担军赋，这样一来就扩大了兵源和军费来源。

第三，军事和行政编制相结合，并以战争为由扩大军队，“师”也逐渐发展到了“军”。

第四，战争的规模和区域不断扩大，从平原一直发展到山地和江河水网一带，除了车兵之外又增加了步兵、水兵和骑兵，步战也代替车战成了主要的作战形式。

第五，文武产生了明显的分职，并且形成了凭兵符发兵以及奖励军功等制度。

第六，军政一体化的国家也转变成了相对独立于行政体制的，以国君作为中心的高度集权化军事体制。

春秋战国的征兵制度

春秋战国时期，为了适应大规模的军事战争需要，各个诸侯国纷纷建立了普遍的征兵制度，这一制度的设立为建立常备军创造了有利的条件。

春秋时期，各级贵族都有宗族成员和私属人员所组成的军队。不仅诸侯国的国君是这样，卿大夫也是这样。

当时各国都处在对外作战当中，以贵族的军队作为骨干，同时强迫所属的奴隶以及庶民作为随从的徒、卒，徒步跟随军队作战或者服劳役的现象十分普遍。

到了春秋和战国之交时，国人以及庶民因为农田制度的变革，纷纷转为自耕小农，这种普遍存在的自耕小农成为各国军队的主力。各国为了争取在兼并战争当中获得胜利，普遍实行了征兵制度。到了春秋后期，晋、楚等国家都因为县的陆续设置，而形成区域化非常明显的部队。比如公元前 520 年，晋国籍谈、荀跞曾率九州之戎及“焦、瑕、温、原之师”护送周天子入王诚。类似的例子在之后的时间里还有很多。

伴随着郡县制度的建立，到了战国时代，各国纷纷实行以郡县为单位的征兵制度。战国时期各个国家为了保证国防安全都在边地设郡，郡的长官叫作郡守，而郡守有奉命征发一郡壮丁作战的权力。之后，各国在内地也都开始设县，征兵制度由边境推行到了内地，郡县成了征兵地区的单位。

据了解，齐国的国都临淄有 7 万户人家，按每一户有三名男子计算，不用从远处郡县去征发，临淄就已经有了 21 万人的兵源。

各国在战争的时候征兵，都是以郡作为单位，比如公元前 483 年，吴王夫差曾经征发九郡之兵伐齐。公元 240 年，赵将庆舍曾经统率“东阳以及河外师”守河桥。公元前 235 年，秦国曾经征发四郡之兵助魏攻楚。

战国时期，随着战争规模扩大，双方都曾投入十几万到几十万人参战，战争时间延长并且间隔比较短，再加上奴隶制度向封建制度的过度逐渐完成，奴隶在成为农民之后也成了主要兵源，因此为大规模的征兵制度打开了局面。

在秦赵长平之战当中，秦军把赵军包围在长平，为取得这一决定性战役的胜利，秦王亲自赶往河内郡，征发所有的成年男子去前线支援。

秦朝建立之后，秦始皇又征发了大量的人去守长城、征河套及岭南等地，其实秦王朝灭亡的原因也和过重的兵役有关系。这一时期的征兵，有很大一部分都带有临时性，而制度化的普遍兵役制度还没有建立。

秦朝时期，由于井田制的瓦解，兵役的负担不能再和土地制度联系在一起，因此转为以户和人口作为单位来计算。

春秋战国时期，但凡是年龄达到征兵要求的适龄人口都在可征发的行列，由此可见，由“以国野分制”为基础的“兵农合一”制度，向以普遍兵役制度作为基础的常备军制的转变，是有着非常深刻的历史背景的。

在普遍的兵役制基础上所征发的军队是具有职业化素质的常备军，不再是“兵农合一”的民兵。它所征发的范围也突破了“国人”的小圈子进而扩大到了全民，所以这种兵役制度能够组织成为庞大的军队，以此适应当时各种战争形势的需要。

据史书《战国策》当中的记载可以看出，各诸侯国当时都实行普遍兵役制。根据这种制度，各诸侯国可以征发境内所有的适龄男子来当兵。

战国时期征兵的年龄界限要比春秋时期的扩大很多，春秋时候男子到了“七尺”也就是20岁左右才开始服兵役。但是战国时期，因为战争比较频繁，军队的人数也大幅度地增加，所以就有一些诸侯国家将服兵役的年龄提前了三四年，男子但凡到了十六七岁就可以服兵役。

然而在战争最紧急的时刻，一些诸侯国甚至还会征发十四五岁的成童上阵。比如在长平之战当中，秦国就曾经征发15岁的成童前去参战。在燕、赵和楚国的战争当中都出现过征发15岁左右的成童。各诸侯国征召全部的丁壮乃至成童参加兵役，从而起到保家卫国的作用，这充分体现了普遍兵役制度的优越性。

另外，因战争的需要，各国除了征召壮丁、成童，有的甚至还会征发妇女和老弱者参战。根据史料记载，秦国就曾经将境内的男女全部登记到了军籍当中，然后在编队的时候，会把壮男编为一军，壮女编为一军，老弱者编为一军。

壮男的队伍主要从事战斗，壮女的队伍主要从事构筑工事，成童就是辅助作战，而老弱者的队伍则负责放牧牛马和粮草的供给。但是有一些国家也会出现妇女和老弱者从事战斗的现象。

在公元279年，齐国的将军田单在防守即墨的时候，曾经将妻妾编在行伍当中。当他纵火攻击燕将的时候，老弱者就击铜鼓助战，鼓声惊天动地，最终大败燕军。

公元前259年，秦朝攻打赵国的邯郸，平原君赵胜亦将夫人编进了士卒之中，然后分工而作。田单和赵胜两位都是贵族人士，还把他们的妻妾都编进队伍当中，更何况是一般平民家庭中的妇女。

根据史书的记载，在战国时期各国用妇女老弱登城防守，充当军中的徒役，甚至直接参加战斗，是再普通不过的现象。这说明战国时期各国的普遍兵役制度能够动员各个阶层的广大群众参战、参军，从而保证了常备军组织所需要的兵源。

秦国的耕战改革

战国时期，各个诸侯国为了发展壮大自己的实力，纷纷进行包括耕战改革在内的变法，这方面以秦国的商鞅变法最为典型。

在战国时期，秦国的社会经济仍远远落后于东方的齐、楚、燕、赵、魏、韩这六个大国。公元前384年，秦献公即位，即位后立即下令废除了用人殉葬这个野蛮的习俗，第二年又将都城迁至栎阳，大大改变了社会的风俗。秦孝公即位以后，继续发扬秦献公的这种进取精神，他下令招贤。从魏国进入秦国的商鞅，受到了秦孝公的重用，开始变法。

商鞅变法的法令准备就绪之后没有马上公布，原因是商鞅担心百姓们对自己不信任，于是便在国都集市的南门前竖起一根三丈多高的木头，并且表示有谁能将这根木头挪到集市的北门，就赏他十金。

为此百姓们非常奇怪，但是没有人来搬动，商鞅便再次出告示表示，如果有人能搬动就给他五十金。于是有人便壮着胆将木头搬到了集市的北门，商鞅即刻命人给他五十金，并且表示他说到做到。接着商鞅下令变法，很快，法令便在全国推行。

商鞅为秦孝公制定的变法大概有下列内容：

第一，颁布法律，制定连坐制度。连坐就是一家有罪多家揭发，如果不揭发，那么知情者及此家亲属一起受到法律的惩处，这样做的目的利于彼此相互监督，进而达到法律实施的目的。身为一个法家的代表人物，商鞅特别重视对于法律的强制性。

第二，奖励军功。军功的奖励一方面激励了士兵为国作战的雄心，另一方面也打击了贵族的特权。在贵族势力把持政权的时代，官位垄断使得很多有才之人都被排挤到官场之外，一辈子都不能踏上仕途。奖励军功则恰恰打破了这种官位的垄断，对于那些有上进心的人士来说，可以通过为国奉献的途径来获得和提升自己的官职。

第三，重农抑商。农业在古时候是百业之本，农业的发展，基本上意味着这个国家经济的发展，由此可以看出农业的重要性。对此，商鞅制定了徕民的政策，就是招徕三晋百姓前往秦国去垦荒。当时秦国的土地比较广阔，人口却比较稀少，因此商鞅才会对三晋迁来的人口实行奖励的政策，鼓励外来移民。徕民政策大大充实了秦国的劳动力和兵源。

第四，建立郡县制。商鞅将许多乡、邑、村落都合并为县，共建设了三百四十一个县，每个县设置了县令、县丞以及县尉。县令是一县之长，县丞掌管民政，县尉掌管军事。他们都是由国君直接任免的，此举将全国的政权和兵权都集中到了朝廷，从而加强了中央集权。

第五，制定军功爵制。商鞅制定军功爵制的做法，意味着他彻底废除了旧贵族的世禄制，而是根据军功的大小来授予爵位，这套军功爵制后来发展成系统的二十级军功爵位制：一级曰公士；二级曰上造；三级曰簪袅；四级曰不更；五级曰大夫；六级曰官大夫；七级曰公大夫；八级曰公乘；九级曰五大夫；十级曰左庶长；十一级曰右庶长；十二级曰左更；十三级曰中更；十四级曰右更；十五级曰少上造；十六级曰大良造；十七级曰驷车庶长；十八级曰大庶长；第十九级曰关内侯，二十级曰彻侯。

这二十等爵制度最主要的特点就是：要按照军功赏赐爵位以及相应的特权，包括占有的耕地、住宅、服劳役的庶子和担任一定的官职等，爵位高的还可以获得三百家以上的封邑。军功的大小根据在前线所斩杀的敌人首级的多少来计算。

同时，商鞅还规定宗室中没有军功的人不能列入宗室的簿籍，也不能享受宗室的特权，必须根据对国家的功劳大小来确定对爵位、田宅、奴婢及其车马、器物等的占有量，不允许越制。

第六，废除井田制。商鞅下令废除了西周以来新的土地制度——井田制，开掘井田的“都疆阡陌”。这里所说的“都疆”指的就是各级贵族所占有的井田界限，这些界限都是用土堆、沟地、树木等连接而成的。“阡陌”，指的就是井田中间和灌溉渠道相对应的纵横道路。除此之外，还允许自耕农和地主的土地私有，允许土地的买卖，按照土地的数量来征税。

第七，实行按人口征收 赋税的制度。在征收赋税方面，商鞅规定按照人口来征收，并且严惩隐瞒户口的“匿户”，以限制官僚地主和食客的数目。同时还规定，一家有两个成年男子的必须要分家另外立户口，否则就要加倍征赋。这是为了确立和鼓励一夫一妻制的小家庭经济，同时加快并垦荒地，扩大农业生产、提高劳动效益，并增加国家的赋税收入。从此“田租”和“户赋”就成了中国古代社会两种重要的赋税制度。

第八，移风易俗中。在秦国的西南和西北部原本是少数民族的居住区，后来秦朝占领了其中不少的地方，因此秦国境内存在很多戎和狄族的风俗。商鞅认为这些落后的习俗，对于与中原各国的融合非常不利，于是就提出按照中原的风俗，改革秦国落后的习俗。

因变法极为成功，秦国的民众非常欢悦，由此路不拾遗夜不闭户，山里没有盗贼，家家都很富裕，人人都丰衣足食，百姓们敢为国家而战。因此，乡村和城镇都非常安定。

变法后，秦国军队的战斗力也有了大幅度的增强，扭转了长期以来被动落后的局面。公元前 355 年，秦孝公和魏惠王在杜平会盟，结束了秦国长期不和中原诸侯会盟的尴尬局面，提高了秦国在各个诸侯国中的地位。秦国还用武力占有了土地肥沃、农业发展水平比较高的巴蜀地区和盛产牛马的西北地区，这些都反映了商鞅变法后秦国国力大大增强的结果。

作为战国时期最重要的一次社会和政治改革，商鞅将秦国落后的制度废除，通过变法，增强了社会生产力，提高了军队的战斗力，并且为秦国的统一和逐渐走向强大奠定了基础。

秦朝兵制

部曲制是秦国统一六国、建立秦朝后在作战时的一种军事编制，在秦统一前军事编制的基础上稍加改进，按照方便作战的原则而形成的一种军队编制，后来一直被汉朝所沿用。

在中国历史上，秦朝是第一个统一的封建专制集权国家，此时创立的中央集权军事领导体制对于后世也产生了非常大的影响。

秦朝是通过长时期的大规模军事征伐才最终完成统一中国的大业，在它存在的十五年当中，经常对匈奴和南方的百越用兵，因此秦朝的军事制度与其他制度相比要更加完备。比如军事领导体制、兵役制、军队编制体制等方面都建立了非常严格和完善的制度。这些制度使秦朝拥有了一支人数众多、训练有素、能征惯战的武装力量，也使秦朝对匈奴及其平定百越战争胜利创造了条件。

在军事领导方面，秦始皇继承了自秦从立国以来形成的传统，稳定地掌握着对全国武装力量的统帅指挥权，他既是国家元首，同时也是武装部队的最高统帅。一方面他通过对领兵将帅的任免、升降以及赏罚来控制军权，另一方面又通过调兵信符和动用兵力的数量掌握军事的大权。

秦朝在统一天下之后率先创立了皇帝制，皇帝执掌着全国最高的军事权力以及全国各地军队的调发，并且将帅的兵权授予必须都要以皇帝发的虎符作为信物。虎符一分为二，一半留在皇帝的手里，一半发给统兵的将帅。兵符是以铜铸成的虎形，背面刻着铭文。任何军队的调遣，只有皇帝派遣使臣出示虎符才能生效。

中央的最高军事官员称为太尉，在秦朝统一天下之前，太尉又被称作称尉或者国尉，其地位仅次于大良造。在大良造被撤销之后，太尉升为武官之长，位列“三公”。

太尉有统兵权却没有调兵权。国家在发兵的时候，皇帝指派将军统兵。中央集权的军事领导体制是和郡县制的行政体制相适应的，郡、县、乡都分别有专门主管军政的官职，郡都下面设有郡尉，负责兵员的调遣征集以及武器装备的制造保管和地方的治安，等等。

秦朝的车兵在作战当中依然担负着非常重要的任务。在进攻的时候，车兵冲锋陷阵，对敌军战斗队形进行破坏；以战车布成阵垒进行防御，阻滞敌军的冲击。车兵的编制基本上都是沿袭战国时期的制度，一般分为御手、乘车战士和车属步兵三部分。

秦军最主要的兵种是步兵，分为轻装步兵和重装步兵两部分。轻装步兵指不穿铠甲行动灵活的士兵，在作战时以弓弩杀伤远距离的敌人。而重装步兵则身穿铠甲，等到和敌人接近的时候，用戈、矛、钺、殳等兵器和敌人格斗。这样的区分，是由武器装备和战斗需要来决定的，是军制史上的一大进步。

秦军在作战的时候大都以车、步、骑等兵种混合编队，诸兵种各司其职，默契配合，一同战斗，这样既能发挥各种兵器的特长，还可以弥补各类兵种的缺点。从秦始皇陵兵马俑坑出土的情况上看，一个数千人组成的军阵当中，有执矛持钺的步兵，有驾驭战车的车兵，也有策马而立的骑兵。

秦朝的军队，在皇帝严格控制下，十分有条不紊。负责全国军事行政的太尉，作战时期临时任命将领统兵。

秦朝的军队按驻防地区可以分为三部分：京师兵、地方兵和边兵。

京师兵主要由郎官、卫士以及守卫京师的屯兵所组成。郎官再由郎中令统领，卫士则由卫尉统领，负责着宫廷内外的警卫。中尉则负责统领守卫京城的屯兵。

地方兵则置于郡、县，一般都是由其将领协助郡守或者县令统率的，平时负责维持地方的治安，在作战时听从中央的调遣。征调地方兵同样需要皇帝的虎符。

边兵主要是负责边境的戍守，由边境的郡守统领，下辖都尉以及部都尉。

在作战时，秦朝对军队实行了部曲制。部曲制就是秦代军队的战时编组，也就是在平时编制的基础上，组建成规模比较大的作战部队。

秦军具体的编组方法是：先根据作战的对象以及各方面的情况来确定总兵力，任命统帅，统帅分为大将和上将。根据作战时候的需要以及兵力的数量再分设若干的将军，所谓的将军是指四副将、裨将军；每个将军统率若干个部，部的长官又称为校尉，就是一部一校；每个部下还设有若干个曲，曲的长官又称为军侯，就是一曲一侯；曲以下的即平时对军队的编制，比如千人步兵，则会设两个五百人的主力，五百人则会设一个五百主力；另外，百人设百将一人，五十人设屯长一人，十人设什长一人，五人设伍长一人。

五百主力之上的，各级指挥官都设有自己的亲兵卫队，数量大约占所率总兵力的十分之一，比如五百主力的卫队是五十人，校尉的卫队是一千人，大将的卫队为四千人，等等。因此秦朝军制就是一部一曲一屯，官制则是一队一什伍的编制。

军队当中最基本的编制单位是什伍。部曲的编员和作战编员有很大的差别，多的话能够达到上千多人，作战行动结束之后，曲以上的指挥机构将会撤销，将军要交出兵权，而部队也会恢复平时的建制，士兵也分别回到的原来部队。

秦朝在统一后，西北、东北、南方与少数民族地区接壤，形成很长的边界线，需要大量的军队守卫，因此又建立了一支非常庞大的边防军，人数在百万以上。根据史料记载，蒙恬统帅的防备匈奴的边防兵有三十万人，沿着长城一线布阵开来，另外还有五十万的兵戍守五岭。秦代军队分为车兵、步兵、骑兵以及水兵这四个基本的兵种。

虽然秦代的车兵不再是军队的主体了，但依然是战斗编组当中不可或缺的一个重要的兵种，这从秦始皇陵兵马俑的出土情况可以看出。而车兵不但有单独的编队，还有和步兵相结合的编队，也有和骑兵相结合的编队，同时还有和步、骑同时相结合的编队。这说明车兵即能够独立使用，也可以和其他的兵种配合使用，是车、步、骑联合作战当中最重要的军事力量。

秦朝还实行普遍的征兵制度，但凡是适龄的男子都需要在专门的名册上登记，并且开始服徭役，当时称此为“傅籍”。“傅籍”的年龄从17岁开始一直到60岁为止，如果有爵位便可以在56岁时终止。

“傅籍”一般服兵役两年，一年在本郡，一年在京师或者是边疆，统一称为“正卒”，每一个成年男子，除了两年的兵役之外，还需要在本郡县服役一个月，担负起修建筑、道路及其运输等任务，到期更换，因此被称为“更卒”。这种全国性的、按年龄征发的普遍征兵制度对于以后朝代的影响非常大。

秦朝的军事军规是相当严厉，律法当中规定，如果射手发弩不中，御手不会驾车，骑士以及马匹测试成绩最差的都要受到惩罚，相关的督训者以及负责募选的也都要受到惩罚。军队当中的武器、铠甲、粮食及其马匹都是由国家统一提供的，国家专门设有武库。

秦朝时期在京城设有太仓，在荥阳也建有敖仓，储备了大批的粮食，战争时期还有专门的官员负责补给。另外，朝廷还制定了对马匹的放牧和调配管理规定。

秦朝时期，军队的统一以及军权的高度集中，军队的指挥以及管理体制的严密，以及兵役制度都是比较完善的，这些都表明中国封建社会军事制度在秦朝时期已经基本上成型了。

两汉军制

西汉初期实行郡县、藩国并行制，除了隶属中央的军队外，全国各地的藩国也都掌握一定的军队。后来发生了七国之乱，西汉政府实行了削藩政策，并且把军权全部收归中央所有，中央的最高军事长官是太尉，军权掌握在皇帝手中，战时任命统帅。

两汉时期军队的基本编制情况不是很明确，史籍当中的记载也不是很详细。总趋势是部和曲的地位日益下降，成为将领的随从亲兵，其中大多数都是将领的奴仆，没有人身自由，最后部曲连称，成为法律限定的一种贱民。然而将军也越封越滥，所统领的亲兵人数不断缩小。

西汉时期和匈奴作战，逐渐组建起规模较为庞大的骑兵部队。对此，朝廷任命专门的“车骑将军”，以后又设立了“骠骑将军”“骁骑将军”这样的称号。

而直属朝廷的北军当中也有“屯骑校尉”“越骑校尉”和“胡骑校尉”的官职。汉武帝时期发动了很多次进攻匈奴的战争，出动的骑兵数以十万计，由此可见当时军队当中骑兵的比重之大，在边境地区也已经超过了步兵。

东汉时期则保留了西汉时期的军队管理制度，但是军队当中的骑兵比重却明显下降。在几次边境战争当中，内附的南匈奴或者羌族部落的骑兵起到了十分重要的作用，而东汉骑兵出动的数量并不多。比如公元 73 年窦固等出击西域、公元 89 年窦宪等出击北匈奴，汉族骑兵规模均不到“万骑”。

在中原地区的战争当中往往是步兵和骑兵并用，在作战的时候仍然采用步兵和骑兵混编的方式，骑兵主要起辅助的作用。

在东汉末年的战乱当中，曹操的军事实力大增，很大程度上在于他有一支比较精锐的骑兵。公元 200 年的官渡之战当中，曹操亲自率领五千骑兵突袭袁绍军后勤基地的乌巢，获得了胜利。公元 211 年曹军进攻关中，以步兵诱惑，而以“虎骑”作为主力夹击，大败韩遂和马超。这种“虎骑”很可能就是人马都披着盔甲的重装骑兵，这说明汉族军队的骑兵开始有了重装和轻装的区别，而且这种重装骑兵已经具有野战强攻突击的能力。

西汉初年中央最高的军事长官称之为太尉，汉武帝时期改称为大司马。战时任命统兵将军为最高将领的“大将军”，接着依次设立骠骑将军、车骑将军、卫将军等官职。同时还有前、后、左、右诸将军。

除此之外还有一些杂号将军，作为战时使用的名称，并不是经常设立。比如李广利被称为“贰师将军”。另外，汉代将军出征的时候经常设置幕府，作为自己的参谋机构，战争结束之后幕府也随之解散。另外也会在郡、县分置郡尉、县尉，协助郡守、县令负责管理军事。东汉末年，又设立了州牧，之后州牧便成了地方政权最高的行政和军事长官。

汉代的军队可以分为京师兵、地方兵和边兵三部分。京师兵主要由郎官、卫士以及守卫京师的屯兵组成。郎官则有郎中令统领，而卫士由卫尉统领，主要负责宫廷内外的警卫。中尉则统领负责京城守卫的屯兵。

汉朝的京师主要有南军和北军，中尉所统领的屯兵在未央宫北屯驻，称为北军；与之相对比，卫尉统领的称为南军。

南军的士兵大多都是来自内郡，北军的士兵主要调自京辅，平均一年一换。汉武帝在位时对京师做了非常大的改革，最主要的改革是加强了北军，精简了南军。南军原来有两万人，减少了一半。北军的屯兵除了中垒之外，又增加了屯骑、步兵、越骑、长水、胡骑、射声、虎贲等八校，分别在长安城中或附近屯兵，平时守卫京师，由皇帝派遣专员监领，作战的时候会以一部或者是全部随军出征。与此同时，还将中尉的称呼改为执金吾，只负责司御前的先导和京城的巡查。另外，将郎中令改为光禄勋，扩大了郎官的名额，增置了期门和羽林军，等等。

东汉时期，京师沿袭了西汉的军制，并把军队稍加裁并，将北军八校合成五营，安置于北军，由军中侯监领，末期的时候由宦官统领；同时将地方兵安置与郡、县之中，一般由郡尉、县尉协助郡守或者由县令统领，平时维持地方的治安，作战的时候仍然听从中央的调遣，在征调的时候则需要皇帝的虎符。

西汉时期曾经实行分封制度，分封的王国和侯国都有各自的军队，王国之兵由中尉所统领，侯国之兵隶属郡。在七国之乱以后，加强了中央集权，罢郡国的统兵将领，后来又下诏罢了王国与侯国的军队。

边兵主要负责边郡戍守，由边郡的郡守所统领，下辖都尉和部都尉。为了充实边防，汉代曾经大量移民到边塞，进行屯田，汉武帝的时候开始实行军屯，屯田人数最多的时候达到数十万人，是边兵的重要组成部分。

但是东汉时期，边兵制度却遭到了破坏，中央设置营和坞，屯兵以备防御。军队有步兵、骑兵、水兵、车兵等兵种，平原诸郡大都编练骑兵和轻兵，山地诸郡大多编练材官，沿江和海诸郡大多编练楼船。

汉朝的兵役制度也曾经有过几次变更。据记载，男子在 20 岁的以后，每年都要服一个月的劳役，称之为“更卒”。23 岁之后开始服兵役，兵役的期限一般都是两年，一年在本郡、县服役，称之为“正卒”，而另外一年要到边郡戍守或者是京师守卫，成为“戍卒”或“卫士”。此外还有一种说法，就是认为这两年的兵役都被称为是“正卒”。

隋代府兵制

隋朝结束了数百年的分裂割据时期，重新形成国家统一的局面。在军事上，隋代继续推行西魏、北周以来的府兵制度，建立了以府兵为主的军事组织，有助于统一王朝的巩固。

隋代的军事制度非常有特点，隋朝赫赫的军威在很大程度上得益于完善和运行良好的军事体制。隋朝的军权集中在中央，由皇帝亲自掌握，尚书省下辖的兵部，为国家日常军务统理机构，其长官是兵部尚书。

隋朝时期军队的府兵编制只是组织和训练编制，至于府兵之上组成的战斗部队的编制究竟怎样，还存有疑问，但是，到了隋朝后期，府兵的这一套编制基本上被废除了。

文帝开皇初年改革了官制，最开始设兵部为掌管全国军事行政的最高机关。兵部隶属于尚书省，置兵部尚书一人为长官，下面设有兵部、职方、驾部和库部四司，各职侍郎二人，分理本司的军务。又创设十二卫府，就是左右卫、左右武卫、左右武侯府、左右领左右府、左右监门府、左右领军府，是统领全国军队的最高机构，内掌宫禁宿卫，外统全国的府兵，基本职责是“禁卫九重”。

此外中央还将十二卫府分统全国骠骑府、车骑府，同时将骠骑将军、车骑将军设置为军府的长官，下置大都督、帅都督、都督等领兵官。

炀帝即位后，将骠骑府、车骑府统一改为鹰扬府，长官改称为鹰扬郎将，下属分别是校尉、旅帅、队正，把将军和都尉的称号取消。自此，府兵上下形成了完备的组织体系。另外，十二卫府有内外军之分。左右卫的亲卫、勋卫、羽卫所统骠骑府、车骑府府兵，属于内军。其他各卫府所统的骠、车府兵，都是外军。内军和外军都有宿卫京师和奉调出战的双重任务。除了府兵之外，中央军队还有禁军和骁果军等。

从征兵情况来看，隋朝的府兵主要是从耕农和地主当中进行挑选，但是这当中也有贫民。按照规定，政府对兵源三年一简，但凡是 20 岁之上的成年男子，都是所简选的对象。简选标准以资财、财力以及丁口三者作为依据，财产相当者取富，力量相当的则取最强的。财和力相当的则取丁口多的。一旦加入了府兵就只能到 60 岁左右才可以解除兵役。府兵本人免租庸调，但是家人没有减免的优势。

公元607年，隋炀帝将十二卫府改为十六卫府，将卫府的称号重新改为左右羽卫、左右骁卫、左右武卫、左右屯卫、左右御卫、左右侯卫、左右备身府、左右监门府，设立的官位和职责和从前一样。发生战事时由皇帝任命行军元帅作为最高的指挥官，督率一方者称为大总管，统帅从各地的军府当中调集部队出战。

禁军所指的就是专门从事皇帝宿卫的亲兵，禁军又分为内卫和外卫。左右卫、左右领、左右府辖下的多数卫士和左右武侯府所统领的卫士，属于内卫，其余的禁兵都是外卫。内外禁兵和番上宿卫的内外军府兵相互制约，共同保卫皇宫和京师的安全。

骁果军是隋朝时期的御林军，也是隋朝最精锐的部队之一，隶属于右屯卫。历史上记载骁果军隶属于右屯卫，是隋文帝亲率的卫队。开皇三年（公元1583年），文帝集合骁卫与果毅军，并且将他们命名为骁果军，挑拣军队当中精壮的士兵进入骁果军，并且在左臂上刺上血鹰。

后来，隋炀帝赴往江都，从关中又挑选了大批强悍的士兵编入骁果军，作为皇帝的宿卫军。但是因为在江都滞留太久，军队谋反，隋炀帝被杀。骁果军的控制权就落入了司马德戡和宇文化及手中，但是两人起了内讧，又加上遇到了瓦岗军，骁果军遭到了非常大的重创，以至于最后慢慢解散。

宋朝募兵制

宋代采用以募兵制为主的兵役制度。以陕西为例，陕西作为宋夏战争的战略要地，在双方对峙的一百多年间始终驻有重兵。宋仁宗时，陕西的秦凤、泾原、环庆、鄜延四路兵力有 15 万人左右，陕西北部沿边地区平时也有 10 万人的兵力，西夏在陕北所辖的六州常驻兵力也在 10 万人左右。无论是北宋驻军还是西夏军队，都要从陕西境内征募大量兵员，因此陕西成为宋夏驻军的重要兵员补充基地。

（一）有关募兵的招募对象。据史料记载，北宋军队，“或募土人就所在团立，或取营伍子弟听从本军，或募饥民以补本城，或以有罪配隶给役，取之虽非一途，而伉健者迁禁军，短弱者为厢军”（《宋史·兵志七》）。陕西除上述几种募兵对象外，还招募大量少数民族组成蕃兵和强刺平民为兵。下面分别加以简要介绍。

第一，招募灾民为兵。招募灾民为兵是北宋的传统国策。统治者认为，灾民“不收为兵，则恐为盗”（《欧阳忠公全集》卷 59）。“饥岁莫急于防民之盗，而防盗莫先于募民为兵，”这样既可满足兵员之需，又可“消弭潜在反抗之民”（《吴文肃公文集》卷 2）。因此，招募灾民成为宋朝军队的重要兵源之一。宋、夏在陕连年用兵，农业生产破坏严重，流民遍及陕西各路，每当凶岁饥年，朝廷就在陕西大量招募饥民、流民当兵，破产农民由此成为陕西驻军的重要兵源。宋代在陕招募的灾民，大多补入厢兵，少数补充禁军。

第二，营伍子弟入伍。宋代法律规定，阵亡军士的子孙弟侄，年龄在15岁以上，身无残疾者，可自愿从军，并领取一半军俸。至20岁时，再按身材尺寸，正式分配各军。英宗时还规定，陕西、河东诸路年55岁以下，有子孙弟侄及异姓骨肉年30岁以下之壮健者，可顶替军士服役。北宋在陕驻有庞大军队，大量军士因战阵亡，加之营伍子弟从军享有军俸优待，故而从军入伍者颇多。但营伍子弟从军并未形成世代相袭的军户制度，实际上仍属募兵性质，不同之处只是募兵对象特殊而已。

第三，招募土民为兵。招募土民是陕西地方部队募集兵员的重要方式。陕西乡兵"选自农户，或土民应募"（《资治通鉴长编》卷102）。即依据户籍抽丁，或招募土民为兵，实行征募并行的兵役制度。宋初以来，陕西北部沿边地区乡兵武装十分普遍，应募者多是本地农民，粮饷兵仗皆由本乡自备，平时以守土为本，不隶军籍，属国家"不养之兵"。宋真宗时，陕西有保毅、寨户、强人、弓箭手、义勇、土丁等乡兵称谓。应募者手背刺有"弩手""土丁"等名号。宋真宗咸平四年（1001年），为与西夏作战，诏令陕西每家出丁一人，号称"保毅""官给粮赐"，使其分番戍边，保毅军时达68 775人，与正军同戍边郡。保毅军一般自备马匹器械，免除差役，如有逃亡者，以亲属代之。凡番戍之兵，月给粮米六斗。真宗以后，陕西乡兵不断扩充，至仁宗时，乡兵已达13.8万人。这些乡兵部分来自民间抽丁，一般"三丁抽一”，情况紧急时每家抽一丁。除此之外，乡兵还采取招募土民为兵的方式。陕西各地的弓箭手基本来自招募，既招汉人，又募羌人，一般每10户取1人为兵，其余9户资助粮草兵械。在北宋与西夏接壤地带，荒地甚多，凡应募为弓箭手者，每人可租佃官田2顷，有马者外加50亩。朝廷调发分番戍边或出征时，“官给粮赐”，免除赋税，老病不能应征者、贫独而无力召替者，可免征。环庆路的寨户、强人、弓手，甚至与中禁军待遇相当。由于弓箭手享有优厚待遇，致使陕西蕃汉弓箭手数量激增。治平年间（1064—1067年），陕西弓箭手多达46 300人。南宋时，陕西有兴元府（今汉中市）良家子、凤州（今凤县）忠勇、金州（今安康地区）保毅等地方武装。部分沿边乡兵战斗力很强，尤其是弓箭手守边捍御，籍为军锋，素号骁勇，在对抗西夏的战争中起了重要的作用。

第四，应募土民除大部分补充乡兵外，还有少数补充当地土兵和禁军。治平二年（公元1065年），宋朝募陕西土民，营伍子弟配隶禁军。神宗时，陕西沿边地带建立了大量土兵武装，与厢兵、蕃兵并驾齐驱，隶属各地巡检统辖，其职能主要是维持地方治安，擒捕盗贼。朝廷还将弓箭手由吏役名目改为兵役种类，纳入正式募兵之列。一般万户以上的县配弓手30至50人，千户以上的县配10至40人，千户以下的县配10人。这些弓手往往以乡村三等户“轮差”，服役3年一替换，或7年一换。

第五，强制罪囚从军。宋代沿袭历代传统，常以罪囚配隶给役，与招募灾民为兵具有同样的对内镇压性质。无论禁军、厢兵、还是南宋屯驻大军，都有配隶的罪囚，罪囚主要充当厢兵，少数充当禁军的配军，称之“杂役卒”。“杂役卒”地位十分卑贱，与所隶将校相犯时，按奴主之法处置，与营卒相犯时，加减凡人二等。宋朝廷为消弭罪囚潜在反抗因素，往往不问平民犯法缘由轻重，辄刺为兵，强制从军。

第六，招募异族为蕃兵。蕃兵是北宋中期以后，在沿辽夏边境地区设置的、由少数民族内附部族组成的地方武装。陕西与西夏交接之地，分布着大量羌族部落，这些部落各自为政，互不相属。宋仁宗时，为因应对西夏战争之需，将陕西内附羌人部落首领予以封赐，由其分别统率本族应募壮丁，“分队伍，给旗帜，以使各缮堡垒，人置器甲，以备调发”（《宋史·兵志五》）。由于蕃兵“熟羌（归附羌户）恋土田，护老弱牛羊，遇贼力战，可以藩护汉户”（《宋史·兵志》引范仲淹语），因而得到朝廷支持，发展十分迅速。英宗治平四年（公元1067年）以后，陕西四路蕃兵已达10万左右，战马2万匹，逐渐成为一支协助宋朝抵御西夏，保疆卫土的重要力量。英宗年间，陕西各路蕃兵，有的以部族为单位，有的分为甲队，分隶边将。宋神宗熙宁年间规定，陕西路沿边蕃兵，选20岁以上壮丁为兵，本户9丁以上取5丁，6丁取4丁，4丁取3丁，3丁取2丁，2丁取1丁从军，应募者左右手虎口刺“忠勇”等字样。蕃兵由朝廷分配耕地，作为赡养之资，官吏则分等给予军俸及“添支钱”。蕃兵不仅羌人可以应募，作为乡兵的弓箭手汉族农户均可应募为蕃兵。

第七，强刺平民为兵。北宋末年连年战争，兵源日益枯竭，官府征募有限，往往“捉人刺涅”，强制平民为兵。南宋以后更为酷烈。在陕官军为补缺额，拉夫抓丁，强刺为兵，屡见不鲜，百姓被迫无奈，或赴水火，或自断指臂，或与官军相抗，这种现象直至宋朝灭亡。

（二）招募方法。宋代募兵，先度量身材高矮，次阅疾走跳跃，考查瞻视能力，然后刺字黥面，给赐钱粮衣履，分隶兵籍。凡健壮者迁禁军，短弱者为厢兵。

宋代以应募者身材高矮为主要标准，并以此确定其分隶禁军或厢兵。宋太祖招募士兵时，首先选拣军中精壮士卒为“兵样”，分送诸道，令如样招募。后来改以“木梃”代替“兵样”，在木棍上刻记尺寸高矮，各地以“木梃”所刻尺寸募兵，由长吏、都监度量拣选后，再由军头司复验，按身长规格等级，依次分隶诸军。各军军士身高要求不同，几经修订，至仁宗时，自上四军（即地位最高的捧日军、天武军、龙卫军、神卫军）至武肃、忠靖，皆5宋尺以上，根据身高差距，分等给俸，上四军身长规格最高，军俸亦最高，中、下禁军身长规格和军俸也各有差等。身长是招募的主要标准，但不是唯一标准。在实际招募时，各军往往酌情降格要求，如果应募者少壮而得力，即使身材比标准低两三指，亦可选募为禁军军士。南宋屯驻陕西诸军的最低身长是5.5宋尺以上，但又规定，“今后令逐司遇有缺额，除及等杖外，若低一二寸，令射八斗力弓；低三寸，令射九斗力弓，委承旨司审验强壮，即行指试”（《文献通考》卷155）。说明招募在身材规格上仍有较大灵活性。度量身材后，还要检查应募者的跳跃动作和视力情况。

宋朝承袭五代遗制，凡当兵皆须在脸部、手臂、手背等处刺字，标明所属军号，以防逃亡。故招兵亦称“招刺”。如果军士投换他军，亦须另外改刺，如果逃亡被捕，还要加刺“逃走”字样。军士黥文各不相同，亦无固定格式，陕西禁军、厢兵往往刺面，以部送者刺“指挥”二字；乡兵、弓手、效用之类，往往在手背刺字，冠以“义勇”“弓手”“土丁”等字样；对应募蕃兵，在右手虎口刺“忠勇”等字样；弓箭手于左手背各据州军名，刺“第×指挥”字样。当兵刺字是一种耻辱的标志，从反面说明宋代士兵地位之低贱。南宋屯驻陕军中的“效用”往往不刺字，实现了黥兵制的局部废除，元代以后彻底取消了黥兵制。

（三）拣选及优抚。宋太祖即位之初即重视禁军士卒之拣选，初步确立了拣选制度，此后便实行定期或不定期的拣选军士。经过拣选，精壮者“自厢军而升禁兵，禁兵而升上军，上军而升班值者，皆临轩亲阅，非材勇绝伦，不以应募，余皆自下选补。”至于老弱残疾者，则降低军种或军级，或退充“剩员”，以至除役（《宋史·兵志八》）。可见，拣选制一是升补，二是降退。仁宗时制定的《禁军选补法》规定：“凡人上四军者，捧日、天武，弓以九斗，龙、卫、神卫，弓以七斗；天武弩以二石七斗，神卫弩以二石三斗为中格。”“选补班值，凡选禁军，自俸钱三百以上，弓射一石五斗，弩跖三石五斗，等样及龙卫者，并亲阅，以隶龙卫、神卫”（《宋史·兵志八》）。南宋“效用”缺额时，由守阙效用或军中选拔升补。按规定，凡拣选合格者，依次递补，并相应增加军俸；不合格者，降低级别及军俸；凡禁军中有怠惰者，降为厢兵，称之“落厢”；对老弱残疾者，一是充当“小分”（领取一半军俸），二是退居“剩员”（另外编组从事杂役），三是削除军籍（亦称“停放”）。宋仁宗时，陕西“保捷兵”年50岁以上及短弱不能任役者，听其归农，无田园可归者，减为“小分”“小分”亦不能任者，放充百姓。陕西的禁兵、厢兵，甚至土兵，都有一定比例的“剩员”。“剩员”一般另外编组，并设“剩员”指挥，保留其军籍并削减半数军俸，从事军中杂役。对因老弱残废而削除军籍者，除回家务农或听其自便外，也有一定的安置办法，以稳军心。对不能胜任征戍及充当“小分”者，军俸减半，仍留本军。

宋代对军人相应建立了一些优抚制度。仁宗时规定：“军士经战至废折者，给衣粮之米，终其身；不愿在军，人给钱三千，听自便”（《续资治通鉴长编》卷133）。高宗时规定：拣退军士家属，可指定荒闲田耕种，支取一年军俸，免除租税丁役，使为永业”（《宋会要辑稿·食货》）。神宗时对军士家眷还规定了抚恤办法：凡阵亡将士祖父母、父母无子孙可依者，每人日给米2升，以终其身，妇人改嫁即停发。

（四）弊端。宋朝募兵制在相当大程度上减轻了人民的兵役徭役负担，同时在客观上推动了军队的职业化进程，有利于军人素质的提高。但由于宋朝官僚政治腐败，募兵制实际变为“养兵制”。为消弭潜在反抗因素，大量招募灾民和强制罪囚为兵，使一些素质低下的四方不逞之民、失职犷悍之徒、奸滑无赖之人、负罪亡命之徒充斥军队，严重影响了军队战斗力。士兵一旦入伍，便终身仰食于官府，虽在疾病衰老之后，也不被裁汰除役，加之将校私役士卒，地方官吏私役厢兵，形成大量冗兵、弱兵和空额兵，养兵百万，无以为战，空耗国家资财。因而，“募兵之数日多，养兵之数日浩，而败亡之形反基于此……兵愈多而国愈弱”（《文献通考·兵四》）。宋神宗时，军费占到国库收入的80%左右，而大量劳动力脱离生产，又直接影响了社会经济的发展。

明朝卫所制

明代的军事制度以卫所制为主体，它既具有中国古代军事制度发展的一般特点，又具有自己独特的运行方式。它前承元朝军户世袭制度——武官袭替、旗军世役，后对清朝的绿营兵制产生了巨大的影响。卫所制度在其实施过程中，前后有很大的变化，呈现出稳定性与发展性的特色。近三百年间，卫所制度历经改革，在变革中生存，在调整中维持，既有其时代的局限性，也有其历史的必然性。

卫所制度是明朝非常重要而独特的军事组织管理制度。它既是一种军事制度，也是一种行政管理组织形式。这种卫所制度的许多内容来源于唐代的府兵制、宋代的更戍法、汉代的屯田制以及秦汉以来的军户世袭制，同时又糅合元朝的军事职官制度。

卫所编制及其职官称谓的出现，可以追溯到元代甚至更早。元代的侍卫亲军以“卫”为编制，设都指挥使和副都指挥使统领。“千户”曾是蒙古军队的基本单位，以十户——百户——千户——万户的十进位方法编制。朱元璋初掌军权时，军官名称及军伍编制均较为混乱。至正二十四年（公元 1364 年），朱元璋称吴王后，在改造和统一所属各武装力量时，决定用卫所制来编组军队。当年四月，鉴于“招徕降附，凡将校至者皆仍旧官，而名称不同”，决定“立部伍法”，规定：“其核诸将所部，有兵五千者为指挥，满千者为千户，百人为百户，五十人为总旗”，法令中有关指挥、千、百户、总小旗所辖军数的规定，成为有明一代卫所的基本建制。此所谓“甲辰整编”。

明立国后，卫所制度被确定为治理国家的军政制度。《明史·兵志二》载：“天下既定，度地害要，系一郡者设所，连郡者设卫。大率五千六百人为卫，千一百二十人为千户所，百十有二人为百户所。所设总旗二，小旗十，大小联比以成军。”这句话比较概括，不够准确，极易产生歧义。

明初的卫“有兵五千”只是一种笼统的规定，各卫所建置差别很大。洪武三年（公元1370年），浙江七卫的每一卫，大都超过了五千人的规模，“计兵总五万二千五百一十三人”。后来，明政府对卫所军兵数做出了调整，洪武五年，“并河南左、右二卫为河南卫指挥使司，以余兵二千六百七十人置陕州守御千户所”。此条史料表明：第一、原来两卫的人数比较庞大；第二、陕州千户所的规模也远远超过了一千人的编制；第三、虽然“每卫五千六百人”的新标准在洪武七年才颁布，而此前河南都司已经有了调整卫所额军的举动。

洪武六年（公元1373年），明廷制定军政条律，仍以“每卫五千”为标准。此时在京和在外每卫仍以五千人计之，这个五千人是指军兵数字，不包括武官（包括总小旗）数字，武官数字则另单列。当年，大都督府奏：“内外军卫一百六十四，千户所八十四，计大小文武官一万二千九百八十人”，武官数字就是单列的。洪武七年，明太祖“申定兵卫之政”：“先是，上以前代兵多虚数，乃监其失，设置内外卫所，凡一卫统十千户，一千户统十百户，百户领总旗二、总旗领小旗五，小旗领军十，皆有实数。至是重定其制，大率以五千六百人为一卫，而千百户总小旗所领之数则同”。这里所说此前“凡一卫统十千户”的说法，仍不能做呆板的理解。我们仅仅知道，原来的一卫人数确实比较多，洪武七年改制后，各卫所额制军数大都按所规定的数额标准作了调整。如洪武九年二月，“调扬州卫军士千人补登州卫，高邮卫军士千人补宁海卫”。一卫编制为 5 600 人，包括士兵和军官，有别于上文中的仅指士兵的“有兵五千”，两者有明显的区别。明代文献述及武官数量时多以“员”为单位，计军兵数时则常以“名”为单位以示区别，而官兵合称时则用“员名”。如成化《山西通志》卷六《兵备》记载河南都司夏班轮操大同轮操班官军数字时，称“河南都司都指挥一员，指挥四员，千户一十四员，百户二十七员，马军一千二十五名，步军一千八十四名”；隆庆《保定府志》卷二一《边政一》载：乌龙沟口兵马“景泰二年调拨保定卫常守军人官三十二员名，正德二年调拨保定班军三十名。嘉靖二十三年，钦依把总一员，调拨保定常守军人三百名”。

卫所是明代统军机构的基本单位。建立在卫所制度之上、与之相辅而行的其他制度，又主要有军户世袭制度、屯田制度、漕运制度、班军制度、征戍制度、募兵制度和驿站制度等。卫所制度的基本特征主要有：

首先，卫所军户实行严格的世袭制度。明朝继承前朝“以籍定役”和“役皆永充”的思想，分户列等以定差役。户籍不同，隶属关系有别。民籍隶属户部等行政系统，军籍隶属都督府等军事系统，军民互不统属。军户世袭，卫所军的身份一旦确立，除非特别规定，世代为军。明代军户的来源，据《明史·兵志二》

主要有四种，即从征（“诸将所部兵”，即参与朱元璋农民起义的军士）、归附（“胜国及僭伪诸降卒”，即归降的元军和各个割据势力的部卒）、谪发（犯人充军，分“永充”和“终身”，即犯人世世代代充当军户和仅犯人本身充任军士）、垛集（每三户民户佥发一人为军，为军者为正户，余者为贴户）。除此之外，还有抽充（从民户中丁多之家抽一丁为军）、收集（即广泛收集元末群雄中溃散的士卒为军）和佥充（佥充民户到亲军卫中服役）等。

卫所军户以旗军家庭为服役单位，一户出一正军，军家其余男性为军余，属正军的预备人员，一旦正军亡故或年老、逃故等项开除之后，余丁替役。如果卫所旗军因故没有成丁应替入役，则需要到其所对应的州县军户去清勾成丁应役。

为保证军户补役的顺利进行，明政府对旗军户籍管理有严格的规定。明代不同的军户，有不相同的军黄册，一类是由都司卫所系统编写的卫所军户的户籍文册，另一类是由府州县来编写的册籍，二者各有职掌，既有区别又有联系。如洪武二十一年兵部在清勾逃军时规定：“凡编造册单。洪武二十一年，令各卫所将逃故军编成图册，送本部照名行取，不许差人；各府州县类造军户文册，遇有勾丁，按籍起解”。各卫所编制逃军图册，依据的是自己所掌握的卫所军户册籍，府州县所造军户文册则属于州县军户册籍，二者既有明显的分工，又相互联系。

其次，卫所制度赖以存在的经济基础是屯田制度。我国的屯田之制由来已久，尤其是军屯，它是国家缓解戍守与军费供给矛盾所采取的一种有效办法。明朝的屯田分为军屯、民屯和商屯三种，尤以军屯影响最大。洪武二十五年（公元 1392 年）二月，“命天下卫所军卒，自今以十之七屯种，十之三城守，务尽力开垦，以足军食”，这便是后人广为引征的“屯七守三”的则例。实际上，这仅仅是原则性规定，随时变更的例子不胜枚举。腹里卫所防御事务较轻，则屯七守三，边地卫所防守较重，则有屯三戍七，或屯四戍六之别。比例虽定，各地执行起来又有所不同，有的可能是抽调十分之三的人专职戍守，有的则是每一军户有十之三的时间用来戍守。

关于屯田，需要明确三点：第一，它是解决军饷供给的一种重要方法，尽管即便在屯田最为发达的永乐朝，军队都没有实现完全自给自足，但永乐初年屯田子粒数几乎与户部年收入大体持平，可见屯粮的重大意义。第二，屯田在明初社会经济的恢复与发展过程中起到极大的作用。明初全国的社会经济遭到严重的破坏，像洪武元年的河南开封府，“丧乱之后，中原草莽，人民稀少，所谓田野辟、户口增，此正中原今日之急务”。军屯有利于当地耕地的开垦。第三，明初军屯是与卫所设置是相配而行的，卫所对辖区内屯田和军户的管理，实际上起到经营疆域的职能。

再次，卫所的日常防御职能。明初定天下，各地驻守卫所对安定一方起到较为明显的作用。防守任务大体按各地防守任务之轻重缓急以确定其屯田或戍守之职。明代“洪武、永乐年间屯田之例，边境卫所旗军三分、四分守城，六分、七分下；腹里卫所一分、二分守城，八分、九分下屯，亦有中半屯守者”。永乐二年（公元 1404 年），“更定天下卫所。屯田守城军士，视其地之夷险要僻，以量人之屯守多寡，临边而险要者，则守多于屯；在内而夷僻者，则屯多于守；地虽险要而运转难至者，屯亦多于守”。如在广东，“查得洪武年间设立卫所，旗军以十分为率，七分在所专听征守，三分拨屯专力耕种”。明前期地方防守多依靠卫所旗军，但明中期以后，江北卫所多趋于番戍京师或边地，江南卫所多累于漕运，加之卫所旗军额定减少甚众，在地方防守的旗军越来越少，代之以地方民兵、乡兵、土兵或募兵等。卫所的防御职能有大幅度下降，但并没有完全消失。

最后，卫所的行政管理职能。明帝国对疆土的管理是分别由行政系统和军事两大系统来完成的，行政系统是六部——布政使司（直隶府、州）——府（直隶布政司的州）——县（府属州），军事系统是五军都督府——都指挥使司（行都指挥使司、直隶都督府的卫）——卫（直隶都司的守御千户所）——千户所。明代军事系统的都司（行都司）、卫、所在绝大多数情况下也是一种地理单位，负责管辖不属于行政系统的大片明帝国疆土。明代的卫所不能理解为现在的军营，它更类似于现在的生产建设兵团，是具有独立行政职能的地理单位，基本上都管辖有面积多少不等的耕地和多少不一的旗军、普遍民户或少数民族人口。

明立国之初，许多地方的行政权和军事权都是由卫所武官来代理的。如在颍州，洪武元年（公元 1368 年）十一月，置颍州卫，“命指挥佥事李胜守之。颍州自元季韩咬儿作乱，民多逃亡，城野空虚。上因如汴，道过其地，遂命胜筑城立卫，招辑流亡，民始复业”，即由卫所官暂理民事。在河南邓州，“守御前所千户所，治在州治东，明洪武三年（公元 1370 年）命镇抚孔显兼知邓州事，六年，升正千户，颁印专理军务”。在边地，如云南、贵州和四川等西南少数民族较为集中的地区，以防守为目的而设立的卫所或军民府，更能体现卫所制在地方的行政管理和军事防守的双重职能。

这种管理模式的建立，既表明明初以武功定天下后，行政机构的建立很可能依托于军事机构，也表明在一些地区，仍然需要驻扎军队来维持秩序。此外，明太祖认为，在经济相对落后的边地，设置行政官员会增加地方百姓的负担，而集生产与戍守于一体的军事系统兼及地方行政管理，不失为一条行之有效的途径。洪武四年（公元1371年）三月，明太祖命中书省臣曰："山北口外东胜、蔚、朔、武、丰、云、应等州，皆极边沙漠，宜各设千百户，统率士卒，收抚边民。无事则耕种，有事则出战，所储粮草，就给本管。不必再设有司，重扰于民"。

卫所旗军的职能，据《明史·职官志》载，大体包括屯田、防御（本地出哨、巡捕和入戍京城）、漕运和军器管理等四项。此外，相当一部分地区的卫所旗军还兼具漕运职能，部分都司还有生产常规军器和管理军器的职责。明初，屯田和戍守是卫所旗军两项最重要的职能。有明成祖迁都北京以后，轮番操练（班军）和运送漕粮（漕军）日益成为卫所旗军的重要职责。

班军，是指以卫所军户为主体的旗军离开自己所隶属（驻扎）的卫所，周期性地到指定的、相对固定的地点或地区，从事以军事戍守为主的活动。它既区别于临时的全国性或区域性的军队调动，也不同于新建、合并、改调卫所而带来的隶属卫所的长期变化。明朝班军的类型繁多，有入卫北京的京操班军（主要来自南北直隶、中都留守司、河南、山东、大宁等都司），有入卫南京及其附近江防的南京京操班军，有诸边入卫蓟镇的入卫军，有北方诸都司卫所番戍防守重镇的边操军（如河南、山东等入卫蓟镇、大同、宣府、榆林等），有北部边境都司卫所相互番戍的防秋、防冬军兵（散见北部九边诸镇），还有几个都司或一个都司内部对军事要塞的番戍军兵（如广西梧州、桂林等），以及各都司内部对都司或省城所在地的番戍军兵。轮班戍守成为卫所旗军的一种普遍职能，出现在明朝稳定国内局势以后新的防御形势之时。它是在尽可能不增加军兵的前提下，对重点地区进行重点防御的一种重要方式。由于京操班军要求由正军充役，所以屯田的耕种和地方的操守，大部分便由军家或军余来完成。这实际上打破了明初卫所屯戍职能的分配关系，对屯田与地方操练防御形势，都产生了相应的变化。

屯田本是旗军最重要的职能之一，绝大部分的旗军都有一份屯田要耕种。但自永乐末年实施的班军制度，后由于要抽调相当数量的旗军去别的地方操练戍守，这就严重地影响到屯田的耕种。明中期以后，卫所屯田的分配和使用已经相当混乱，有虽具旗军身份而寸地未得者，有广占数顷者。参与京操与边操者为“正军”，而参与城守、屯田、巡视者均为“军余”。嘉靖年间，河南都司“京操正军（春戍四千一百七十九人，秋戍一万四百五十四人）；宣府操正军（春戍四千七十六人，秋戍四千五十八人）；大同操正军（春戍二千一百六十八人，秋戍二千一百四十四人）；榆林操正军（春戍一千二百九十八人，秋戍一千二百七十一人）。城守军余二万，屯田军余四万六千三百二十七人，巡视军余五百五十五人……屯田四万四千一十二顷三十六亩七厘，屯粮二十七万四千一百四十五石”。山东都司与河南都司大体相似，正军京操或漕运，其余则多用舍余，“故无他警，惟官军分两班轮京操备”。

轮操也影响到地方防御和沿海防倭等。由于班军要求由精壮的正军出役，地方防守除依靠卫所一些不更事的老弱旗军和军余，更多地是依靠地方民兵、弓兵和乡勇等。景泰初年，兵部尚书孙原贞就说：“各处官军或调操于京师，或调操于各边，本地无军可守。臣昔备员陕西右布政使，以历潼关，询其实在军士，不过数名，惊问其故，始知皆在各地操备”。

漕军是永乐后期出现的一种新的卫所旗军兵种。明初，承担漕运的或是民夫，或是商贾，或暂调军队，建立一支固定承担运输漕粮任务的军队，则始自永乐年间。为加强北边的防御，明成祖决定迁都北京，这就需要解决北京城粮食供应问题。在永乐九年（公元 1411 年）凿通会通河和清江浦后，永乐十二年开始大规模地抽调各地卫所旗军从事漕粮运输，但此时尚未建立严格的制度。成化九年（公元 1473 年），户部官员说：“南北直隶及山东、江西、浙江、湖广等处九十余卫所，岁运粮储皆过期不至”，而京师驻扎七八十万，“非四百万石无以恃命”，才决定建立完备的漕军制度。

为保证漕粮运输的顺利进行，虽然漕军有自己的管理制度，但其最基本的组织方式却是卫所制度，“以军法结漕法”。旗军从事漕粮运输最初并非专职，除运粮外，还经常承担其他军事任务，如随郑和下西洋、到沿海备倭、上京师守直、直交趾征乱以及镇压农民起义等。当然，漕军还需要耕种屯田。漕军身兼多项职责，军士不仅苦不堪言，而且也影响漕粮的正常运输。宣德五年（公元 1430 年），因“以南北诸卫所军备边转运，错互非便”，曾下令“以南军漕运，北军操备”。正统年间，又规定“运粮旗军不与操守之事”，管运指挥“专管漕政，不与军政”。从此，漕军从原来的屯戍之士演化为专职运粮军，既无时间操练耕地，也无法再承担军务，岁月既久，“运粮兵全不知兵，敌器咸成戏具”。

卫所旗军中，江北卫所旗军的主要精力转向轮番操练，江南旗军多困于漕运，而传统的屯田与操守地方的职责因而大受影响。

嘉靖时兵部尚书张云彻说："国初沿海建设卫所，联络险要。今军伍空缺，有一卫不满千余，一所不满百余者。宜备查缺额之数而补足之，其运粮、班操等原因海上无事拨借别用者"。嘉、隆、万年间，许多大臣都建议组织班军和漕军操练演习，以"恢复"他们的作战能力，但已与事无补。

清朝八旗制

八旗制度是清太祖努尔哈赤于明万历二十九年（公元1601年）正式创立，初建时设四旗：黄旗、白旗、红旗、蓝旗。1614年因"归服益广"将四旗改为正黄、正白、正红、正蓝，并增设镶黄、镶白、镶红、镶蓝四旗，合称八旗，统率满、蒙、汉族军队。规定每300人为一牛录，设牛录额一人，五牛录为一甲喇（队），设甲喇额真（参领）一人，五甲喇为一固山，设固山额真（都统、旗主）一人，副职一人，称为左右梅勒额真（副都统）。皇太极即为后为扩大兵源，在满八旗的基础上又创建了蒙古八旗和汉军八旗，其编制与满八旗相同。满、蒙、汉八旗共二十四旗构成了清代八旗制度的整体。满清入关后八旗军又分成了禁旅八旗和驻防八旗。

八旗制度是中国清代中华民族的社会组织形式。满洲人运用此军事组织制度建立了清朝。在平时，人们从事耕作、狩猎等活动；在战时则应征为兵，起源于女真族的狩猎组织——牛录，具有旗籍的家族人员称为旗人。到19世纪末随着清朝的解体，八旗军事组织制度不复存在。但一部分八旗的后代仍自称为旗人。

八旗制度的特点是以旗统人，即以旗统兵。凡隶于八旗者皆可以为兵。实际上，清代兵有常数，饷有定额，随着满族人口的不断增加，并非所有满族人都能披甲，而到后来披甲的人数占满族人口的比例越来越小。清太祖、太宗时期，八旗组织有较快的发展。入关前满洲八旗共309个佐领，又半分佐领18个；蒙古佐领117个，又半分佐领5个；汉军佐领157个，又半分佐领5个。八旗满、蒙、汉佐领共583个，又半分佐领28个。清统治全国之初，由于统一全国的战争需要，以及平定各地的反清斗争，满洲八旗发展迅速。康熙时满洲佐领达到669个，嘉庆时增加到681个。此后维持在这一水平上。蒙古佐领顺治时增加11个，康熙时又增加76个，雍正二年（公元1724年）定制为204个。八旗制度建立时有蒙古人编在满洲八旗内，直到清末亦有蒙古佐领35个，又半分佐领2个，编在满洲八旗下。顺治十五年有汉军佐领206个，又半分佐领3个。康熙五十一年（公元1712年）增至258个，又半分佐领1个。雍正十二年（公元1734年）定制为270个。此后，因八旗生计越来越困难，一部分汉军出旗为民。乾隆五十五年（公元1790年）汉军佐领减少到266个。此后终清不改。八旗官兵的额数，清末光绪、宣统时，实存职官约6 680人，兵丁12万人。

八旗初建时兵民合一，全民皆兵，凡满洲成员皆隶于满洲八旗之下。旗的组织具有军事、行政和生产等多方面职能。入关前，八旗兵丁平时从事生产劳动，战时荷戈从征，军械粮草自备。入关以后，为了巩固满族贵族的统治，加强对全国各族人民的控制，同时为了解除八旗官兵的后顾之忧，更好地为清王朝效命，建立了八旗常备兵制和兵饷制度，与绿营共同构成清朝统治全国的强有力的军事工具，八旗兵从而成了职业兵。八旗兵无论满洲、蒙古或汉军，均以营为单位，由都统及副都统率领，称作骁骑营，用于驻防或征战。并有炮营、枪营、护炮藤牌营，附属于汉军骁骑营。

八旗有一套完整的制度。如封爵，天命、天聪时期定王公爵止于贝勒，崇德元年（公元 1636 年）始定亲王、郡王、贝勒、贝子、镇国公、辅国公、镇国将军、辅国将军、奉国将军九等。顺治十年（公元 1653 年）增奉恩将军为十等，亦有异姓封王、公、侯、伯、子、男的情况，但汉人甚少。清代世职，太宗时与官名本多相同，顺治四年（公元 1647 年）成为荣誉称号。乾隆元年（公元 1735 年）定民爵精奇尼哈番为子爵，阿思哈尼哈番为男爵，阿达哈哈番为轻车都尉，拜他喇布勒哈番为骑都尉，拖沙喇哈番为云骑尉。八旗按引军旗色定户籍。壮丁原则上三年编审一次，分正户、另户、另记档案及旗下家人等。八旗兴办宗室觉罗学、官学等，课其子弟。八旗宗室王公及官兵的婚丧等均有规定，清初定旗民不通婚，直到光绪二十七年（公元 1901 年）才取消禁令，实际上民间早已通婚。

第五章　兵器篇

——工欲善必利其器

兵器的演变和社会生产力的发展步伐一致。生产力作用于兵器，兵器的杀伤力也随之得到提升。从简易到复杂再到便捷和先进，各种兵器都在不断发生着改变。下面我们就沿着这一变化的轨迹去感受一下每一个朝代主要兵器的特点。

青铜兵器

青铜兵器从古代的狩猎工具中延伸而来，是武器从石料到金属材料转变的必然趋势。从商代伊始，青铜器皿便开始普及，青铜兵器的出现，让武器的谱系又增添了新的成员。

青铜由红铜加锡组合而成，通常显现出青绿色或是青灰色，因此由青铜制造而成的武器被统称为青铜兵器。

从公元前 21 世纪起，青铜兵器就进入了战争的舞台，和历史上的奴隶时期以及青铜器时代在时间上相吻合，为各路诸侯间迭乱不休的战争所应用。

青铜武器在夏代还没有成为主要武器，仍然在石制武器的大背景下做“替补学员”，显然它还没有受到统治者的重视。等到了商朝，青铜武器已经从初始阶段出发，进入了较为发达的阶段，这主要体现在三方面：

首先是武器类型呈现多样化。1935 年，在河南省安阳殷墟出土的商代文物已有铜矛头、铜勾、铜戚、铜刀、铜斧、铜镞等。另外，在山东省益都出土的商代兵器有铜钺、铜头玉矛、铜戈等。

其次是铸造青铜器的技艺更加纯熟，铜、锡、铅的比例更合理，更加科学化。

最后是武器装备普遍替换了青铜兵器。当时的军队类型从步兵发展到车兵，车兵同时拥有斧、钺、戈、矛等四样青铜武器。

青铜兵器中常见的有钺、剑、刀、矛、戟等种类。

钺，在青铜器中是普遍出现的一类刑具，多用来执行腰斩或斩首，更进一步具有仪卫的功能，成为君王将相出征讨伐的象征。

剑类中青铜剑是春秋时期较为常见的武器。青铜剑在当时代表着短兵器工艺的最高峰，也是贵族们佩戴的以象征身份的物品，同时它还具有防卫功能。在早期出土的文物中，曾发现了一种外形酷似柳叶的剑。周朝末期，剑得到了充分的发展，做工愈加精巧、熟练。

刀类在商朝就已现世，有长柄的砍斫武器刀，当时在西北地区尤为盛行。做收割用的刀具后来演变成为戈，使用方法与刀类似。商周时期，戈是最具特色、最为典型的一类刀具。

矛在古代是最具杀伤力的武器。戟即是矛的另外一种形式，将矛插在戈的顶端，就会变成既能够刺入也能够钩杀的多功能武器，杀伤力远远大过于戈、矛。

十字形戟流行于西周时代，战国则时兴卜子形戟。“片”型戟出现于秦汉，吕布在三国时期“辕门射戟”的工具即为片字形，是给人们以深刻印象的武器。

西周时期的青铜造兵器技术，在商朝的基础上更上一层楼。青铜器的技术虽然仍使用着商代所遗留的标准，但在兵器的铸造方面却种类丰富、改进了很多，一时呈蔚然状。这段时间的短兵器种类有刀、剑、双钩等，长兵器有戈、矛、斧、戟、钺等品种。

不仅武器的种类增加，而且西周的青铜兵器在质地上也进益良多，结构亦比前代更为精致。

春秋战国年代，群雄战乱，神州大地硝烟弥漫，战争四起，对先进武器的需求也越来越大。青铜兵器获得较大发展，在功能、总数、质地等方面都有较大的进步。

虽然古代科技不够发达，但仍然有一批又一批的精良武器问世。如今摆放在湖北省博物馆的越王勾践剑，即是当时所出的精品之一，另有越王矛、吴王夫差剑等众多宝贵珍品出土。

从出土的文物来看，秦朝已将铁剑与青铜剑同时使用于战场，剑体达到一百厘米左右，呈狭长形态，剑的外观经过严密细致的打磨。经当代专家研究，剑上面存有一层金属氧化物。

而在秦朝之前，一百厘米左右的剑从没有进入过铸剑人的思考范围内，原因在于：青铜的质地硬且脆，剑身过长，很容易导致折断，故而剑从来都是短小精致的。

秦朝的制作工艺使剑达到长而坚的程度，有学者论证了秦剑的制作规律，剑身由宽变窄，窄处的厚度则会相应地增加，最终达到了完美的效果。

秦始皇陵兵马俑中的青铜长剑被掘出陵墓时，曾被石块重重压在了下面，等到工作人员将石块挪到一旁后，青铜剑立刻反弹复原成它原来的形状，从而展现出我国古代铸剑技艺的高超。

护身甲胄

西周末期，各路诸侯纷争不断，领土问题成为战争必然爆发的决定因素，在硝烟四起的战场上，配有甲胄的步行军队更容易取得战争优势，因此，各路诸侯都陆陆续续采用甲胄来武装军队。

在战场上，即使军队已经配备了盔甲，但有些兵士仍会选择只穿甲胄而放弃戴头盔，以此显示自身不惧生死的气魄和誓与敌军同归而尽的决心。

甲胄在战国时期以皮质为主要材料，还没有完全转变为铁质甲胄时代。随着进攻利器从青铜兵器进化为铁兵器，防御性武器甲胄理所当然地也做出了改变，从而进入铁甲胄的时代。

《周礼·考工记》为春秋战国时齐国所著的一篇工艺文章，文中对甲胄每个细小部位的制作都给予了严格的规定，不论是尺寸、比例都需要按照标准施行，体现出当时对于甲胄等防御武器的重视。

到了秦朝，秦始皇统一中原，连年的战争让武器技艺进一步提升，甲胄的地位也被提高到前所未有的高度。

然而在秦朝时期，民间制造兵器是要受到监禁的，因此普通百姓想要制作甲胄等物比登天还难。

除了朝廷的明令禁止，制作过程的专业性也非一般人能够企及。现今人们发现的秦陵甲胄中，从形式到尺寸以及甲片的片数等都有一定的实行准则，除非官方制作，民间私自制造的可能性微乎其微。

秦朝的甲胄制作工艺，不仅从选料方面选择了铁质用品，还在皮甲胄的工艺基础上得到了提升。另外，秦朝时期，皮甲胄与铁甲胄几乎同行同步，成为当时携手并进的两种技艺。

攻守战车

自古以来，战争时期，有步兵的存在便有战车的跟随，二者变为不可分离的互补作战方式。战车分为两种，一种负责运载重物和战争资源，另外一种专门负责进攻敌军，战车的称呼多种多样，有兵车、革车、武车、轻车和长毂等。

战车自从诞生以来，就一直活跃在战场上，从商朝至春秋时期，战车没有缺席过任何一场重要的战事，使用战车作战已成为重要的作战方式。

战车种类繁多，通常以马匹的数量来区分。一乘马车由两匹或四匹马在前拉车，车座前方四匹马中间的两匹被称为“两服”，左右的两匹叫作“两骖”，各有一条皮带系在车座的两侧。这四匹马另有一种名，叫作“驷”。

每一匹马另有配给的马具，衔在马嘴内的绳索以及铜质的马笼嘴，都是驾驭马匹的重要工具。马体上也大量配给马具，如当庐、月题、马脊背饰、马镳、马冠、马鞍饰、环、铃等物。

战车上士卒的排列也有特别的要求，以左、右、中为排位顺序，左边的士兵是最重要的射击手，负责用弓箭射杀前方敌人，被称作“车左”，又叫作“甲首”。

右边士兵担当着扫除行车障碍的重任，手握矛枪，刺杀敌军，被称为“车右”，也叫作“参乘”。位于“甲首”与“参乘”之间的士兵负有驾驭战车的重大责任，随身的武器只有一把短剑。

根据古籍《左传》的记录，在西周和春秋战国时期，战车的乘坐方式亦与此相同。在考古人员发现的殷墟车马坑内，分别有三名士兵的座位，其中两名士兵坐于后方，一人在前侧，证明学者推断的正确性。

除了三人行车之外，四人同坐一车的例子又被称为“驷乘”，不过那只是偶尔为之，并没有一以贯之。攻车上除了配有三人各自的武器外，还额外放置某些急需的格斗武器。

车上两边通常插放着五样武器，如戈、殳、戟、酋矛、夷矛之类，统称为“车之五兵”，这都是在《考工记》当中有所记录的。虽然出土的兵器中并没有发现上述全部种类，但从记载中仍可以看出当时作战时工具种类的齐全丰富。

古时战车有不同的演化名称，根据不同朝代、不同军事家的改进成为别具特色的战车。

例如，“流马”是三国时期诸葛亮作为运输工具的车辆。“偏箱车”是大将军戚继光对抗北方少数民族时使用的战车，一旁的装备可作为守卫的遮掩物体。

随着领土扩张要求的进一步增长，春秋战国时期的诸侯们都重视军事实力的强弱，他们以此来确定国家的实力。而在当时最主要的作战工具便是战车，遂有了“千乘之国”“万乘之国”等名称用来描述诸侯国，代表着战车的乘数越多，诸侯国的实力就越强大。

古代利用战车乘数形容国家的实力程度，是十分实际而又鲜明的方法，随着国家不断繁荣强盛，民众的物质生活亦大幅度得到提高，军事力量也随之增长。春秋末期，较大的诸侯国，如晋楚两国所拥有的战车总量达到了四千乘有余，可谓富强至极。

随着封建生产关系的进一步发展，战车的功用渐渐被一类新型步兵所替代，加上铁兵器的广泛应用以及弓弩的改善，步兵能够在宽阔的战场上有效地阻止战车的行进。

根据《史记》的记载，秦国军队作战时“带甲百余万，车千乘，骑万匹”。然而，此时在战场上的主力已不再是战车了，它也不再作为衡量国家的繁盛衰败的尺标之一。

铁制兵器

从春秋战国后期开始，青铜器的地位被铁器所逐渐替代，古代社会正式进入了铁器时代。在战国时期，铁器已经成为普遍存在的工具。

在生产力不断发展的条件下，生产关系自然而然发生了改变，封建社会的来临与铁器的发展息息相关。在人民生活日趋提高、国家实力逐日增强的情况下，投入在科学技术方面的成本越加上升，铁器行业的春天即将来到。

在神州大地上，铁的储藏量从来都是名列前茅，在原材料方面可谓处于优势地位。相比于青铜，铁器的硬度略胜一筹，并且锻造方式简单方便，能够在短时间内普及各处作坊，所以铁器代替青铜器显得势在必行，逐渐成为社会的一种潮流。

战国时期，出现了款式更加多样的铁兵器，现存的记录中就多达十几项，而在文物的考证中也确实发现了它们的身影，它们是戈、戟、矛、殳、斧、钺、锤、锥、刀、剑、匕首，等等。

战国时期以锻造铁兵器闻名的国家有楚、韩、燕等大国。战乱迭起的战场上，青铜兵器与铁兵器常并驾齐驱，经常同时出现在一个战场上，正因如此，战争中士兵的伤亡数量急速上升。

西汉初年，国家统一，政局稳定，相应地，社会经济也得到了进一步的发展。在战备资源方面，当时的先进武器——铁兵器，开始大批量地生产，青铜兵器遭到了淘汰。

到了汉武帝时期，由于冶铁业的官方作坊占据主导地位，炼铁术被推广到了下层各地。全国上下共有四十九处锻铁作坊都可以锻造兵器。

在当时，按照标准大批量生产的铁兵器，如矛、剑、戟、刀等，已经从根本上取代了青铜兵器。直到东汉末期，青铜兵器正式将重任交给了铁兵器，从而退出历史舞台。

时间的车轮驶入两晋南北朝，这时期，冶铁业得到了飞速发展。在技术上，横法钢技术日渐成熟。利用横法钢锻造而成的刀剑，剑锋锐利，设计精致小巧。随着锻钢法不断向前迈进，灌钢法又随即问世，铁匠们呕心沥血锻造的武器，质地优良、物美价廉。在北齐时代，綦毋怀文所制的宿铁刀就利用了灌钢法的技巧，使刀刃锋利无比。从中可看出，在统治者的强力推动下，冶铁业的发展程度得到了大幅度的提升。

之前，由于制铁工业不够发达，长兵器无法制造出来，随着冶铁业的不断进步，终于让长兵器有了用武之地，特别是刀、矛得到了广泛的应用。

在强盛的唐朝，冶灌钢法占领鳌头，其中锻造出的刀剑，胜过以往百炼法所制造而成的武器。唐朝时被广泛应用的刀类有仪刀、鄣刀、横刀三样，特别是横刀在征讨沙场时，配给士兵所用，它的剑身有七十至八十厘米左右长，剑刃也长达五十至六十厘米之内，从其形制可以了解到唐代冶铁业的快速进步和发展。

远射弓箭

人类的祖先在实践的基础上，一步步建筑了自己的生活根基，无论在天地开辟的荒芜时期，还是处于对大自然感到敬畏的阶段，他们都为后代人做出了一定的选择和考量。想要了解这些，我们可以从弓箭的发展演变中窥探一二。

在旧石器时期，人类的祖先主要依靠打猎维持生存。猎杀动物的主要工具有削尖的木棒，还有硕大的石块，等等。虽然有一定成效，但他们觉得这些工具太过笨重，所以就找来一种能够轻松弹射出去的物体作为打猎用具。

他们使用的这种工具就是弓箭的前身，虽然制作工具的材料只是有一定弹力的木材和竹子，可以利用它们的弹性进行一定距离的捕猎，但是对于当时的人类来说，也算是用之不尽取之不竭的狩猎神物了。

这种工具的出现意味着人类狩猎阶段的进一步发展，也代表着原始人类思维的扩展和延伸。

春秋战国时期，周王室朝愈加颓败，中央集权的力量逐日削弱，各路诸侯为增强本国的实力进行着连年不休的兼并战争，作为武器之一的弓箭成为其中一类受到重视并不断发展改良。

当时，每个诸侯国都设立了专门的武器制造库，并设定了严格的制作标准，每件兵器的制作都要依循标准的设定，所以，生产出的工具都是整齐划一的优质武器。

现存最早的、记录弓箭制造的文献大概仅有《周礼·考工记》了。这篇文章细致入微地描述了弓箭的材料择选以及制作工艺的完整程序等。

从文章中，我们可以看出，在材料的选择上面，弓的选料十分讲究，分别有干、角、筋、胶、丝和漆等六种材料备用。文中描写道："六材既聚，巧者合之"，说明了备好六材的重要性，以及融合它们以制造成弓的必要性。

关于六材的择选规则，文中也尽数记录。例如在制作弓的材料择选上，不仅资料翔实，还依次排列了优劣等级。文中写道："柘为上，檍次之，桑次之，橘次之，木瓜次之，荆次之，竹为下。"

在角的材料择选上，书中指明在秋天风清气朗时屠宰的牛的牛角最为厚实，选用的角还应当符合“青白而丰末”“角长二尺有五寸，三色不失其理，为之牛戴牛”的标准。

在其他微小细节方面，文中也做了记录，如胶的色彩越浓越好、越燥越良，筋以精细、长度为主要选用准则，漆的选材需要能一眼通透，丝必须亮丽夺目、柔滑细致。

工匠的心血全部付诸在制作过程中，虽然不为人所见，但却真真实实地体现在弓箭的每一个细节之上。由此可知，制作弓箭并非人们想象中的那样简单，也需要工匠的智慧与辛勤的劳作。

强劲的弩

在春秋时期，弩逐渐被军营所接受，成了士兵们手中的常用兵器，然而早在商周时期，弩就已经问世了。古代著名兵学典籍《孙子兵法》中，弩的地位已经和甲盾相同，作为军事储备中的急需物资被长期供应。

在战国时期，弩的军事效用更显突出，普及程度得到了提高，通过擘张弩在战国早期的应用中就可了解到，弩作为军事必备品在当时有着不可或缺的地位。

在《孙膑兵法》中这样形容擘张弩：“发于肩膺之间，杀人百步之外”，体现出了它强韧的机能。射程达到六百步以上的弩，来自韩魏，被称为十二石弩，在当时已经到达了弩的全新阶段，直到春秋战国末期，蹶张弩问世，使用它时，必须倾尽全力才能够开展弓身，这对弩机提出了更为严苛的要求，因此制作工匠专门为弩机增加了铁质外套进行固定。

弩时代的来临体现在对士兵的考核开启了关于弩的测验。例如魏国择选武卒，必备的技能之一便是能挽十二石弩。战争中也离不开弩的应用，在韩国，“披坚甲，持劲弩”已作为士兵的装备。

弩的种类丰富多样，接下来认识一下几类闻名于世的弩及弩类武器：

第一类，连弩车。在战国时期就已问世，形态应归属于弩炮的类别，在车战中，放在攻车上以备急需，且进退自如。连弩车备有大弩十二石，每一发矢射力强大，一排矢中分主矢次矢，大小各不相同，射距能达七百步，势如破竹，令人难以抵挡。

第二类，汉代大黄弩。大黄弩使用起来十分费力，它的强度需要三百千克左右的力度，用古代的量力标准来看，一石弩约三十千克重的力量，所以，大黄弩便被称为十石弩，可想而知，使用它的人需要有多么强的臂力。据司马迁在《史记》中的记载，将军李广就曾使用大黄弩射杀敌方首领。

第三类，神臂弩。它的射程较大黄弩距离稍短，却也达到了一矢三百四十多步的远距离。这件射器发明于北宋神宗时期，形制硕大，高度可与一般壮汉相比拟。除了大黄弩，其余射器都不及它的威力，传闻它的强度可穿进榆木一半左右的深度。

第四类，豆寸子弩。发明于宋代，它的特点在于，射程距离远，每次最少可达千步左右，被奉为史上射程无敌的弩。由于它形制巨大，因此每次可同时发射十余支利箭。使用它非一人之力可为，至少约七十五人到一百人左右的力度才足以拉动它的弦。

在与匈奴的长期会战中，西汉时期的将领们对弩进行了更进一步的改进，《资治通鉴》里写道：“因发连弩射单于，单于下走。”

到了东汉时期，个人能撑开的最强弩被称作腰引弩，也被称为腰开弩。那时曾流传着“力弱者用蹶张，力雄者仍用腰张”的说法，可见腰张弩的强度之高。传闻著名的元戎弩，便是三国时刘备的军师诸葛亮所发明的。这类弩“以铁为矢，矢长八寸，一弩十矢俱发”，发射出去的箭具有极强的杀伤力。使用它时，还可以跟足踏的蹶张弩进行合作。

元戎弩之后的命运一发顺遂，发明家马钧又对它进行了局部改造，以往需要几人共同使用的缺点被消除，变为只需一人之力就能撑开的射弩，从而更加受人们的欢迎。

弩作为强大的武器，相当于如今的坦克、火箭的效用，鉴于它如此重大的军事地位，在古代，军士官需要对每张弩进行“体检”，每隔一段时间便要检验它的受损程度。

公元前121年，汉朝大将军李广在边疆与匈奴会战时，敌强我弱，情况不容乐观，在千钧一发之际，李广使用大黄弩成功射中敌军首领，从而令胜利的旗帜飘向了汉军。

为了更好地训练弓弩手，汉朝专门组建了一支聚集军营所有弩手的队伍——材官，而“强弩将军”便指的是他们的领头将军。

攻城云梯

云梯最早出现于夏商周时代，名为“钩援”。直到春秋时代来临，鲁班又加入了自己的理念进行改造，从而形成了车轮、梯身、钩三部分组合而成的战国云梯。

古代的城楼修建得高不可攀，常常以此来防御敌人的攻袭，云梯的出现，打破了城墙不可攀缘的历史，成为战争史上唯一能够用于登城的武器。许慎在给古籍《淮南子》做注时说道：“云梯可依云而立，所以瞰敌之城中。”从而我们可以知道，云梯还有一项功能，即登高探测军情。

根据学者的认定，春秋时代的鲁国巧匠公输般便是云梯的创造者、发明人。

云梯的实用性，使得它在古代兵器当中受到了极大的重视，并衍生出了更方便简易的云梯类型。战争开始后，攻城的队伍前排是扛着云梯的士兵，他们首当其冲奔向城根下，以迅雷不及掩耳之势架起云梯，为后续部队提前做好相关准备。

汉朝将领陈汤攻克郅支城用的就是这个办法，郅支城由两重城楼组成，外围是用木头制成的城墙，内部则是坚固的土质城墙，想要攻破可谓难上加难，一般首领怕是难以担当此项重任，但陈汤却胸有成竹。

首先，陈汤派弓弩手射杀守城敌军，进而扫清登城障碍，之后再将油脂喷洒在木质城墙上，点燃一把烈火烧掉第一道防线。

其次，等到木城墙被全面烧毁，后续士兵携带刀枪弩弓，操持着长戟迅速冲入城内，再跻身于土质城楼的墙根下等待时机。

最后，扛云梯的士兵走出墙根的安全范围，用最敏捷的行动架起云梯，云梯之间距离不能过于靠近，以防被守城敌军一网打尽。随后，士兵们缘梯而上，登临城门楼顶，不费多时便占领了土城墙。

陈汤的整场部署，简洁明了，充分利用了云梯的优势，恰如其分地把握了攻城的时间点。由于木质材料的云梯轻便简易，能够被士兵轻而易举地扛起，所以对于陈汤的作战方式十分有利。

不同朝代的云梯，各有各的特点，这一点也体现出因为时空地点的变化，云梯类型也随之改变的痕迹。

战国时期，云梯共由三部分组合而成。考古学家从出土的水陆攻战纹铜鉴上面的图案断定，战国时期云梯的三部分为：第一，底部没有能够自如转动的车轮；第二，利用人力扛举，能够上下浮动，斜斜地依靠在城墙上；第三，能够用于钩缘城门楼边，备有钩状物的梯顶，这样不仅能够钩住边缘，还能避免敌军损坏梯首。

唐朝时期，与最初问世时的战国时的云梯相比，已经产生了天壤之别的差距。当时的云梯利用一个底盘将梯身固定住，梯首安装有辘轳，在钩住城墙后，辘轳会在城墙左右不断移动，被人们称为飞云梯。

到了宋代，云梯又产生了新的变化，梯身延长了几丈有余，梯首普遍安放了轮子更便于移动，并且出现了新的类型，例如能够避雷的云梯、竹制云梯等，根据不同的气候条件以及材质造出的云梯，实用性得到了大幅度的增强。

宋朝的云梯相比之前的云梯有了重大改进，根据战事的不同需要还创造了种类不同的云梯，例如飞梯、竹飞梯、蹑头飞梯等，对于登城提供了更大的帮助。不过宋朝过后，火器盛行，云梯难以抵挡它们的威力，遂逐渐遭到了遗弃。

大型抛石机

《范蠡兵法》曰："飞石重十二斤，为机发，行三百步"，一块硕大无比的石头，在某种机器的发射下，一下就能飞行三百步，故为飞石，其中飞射石块的器械便是抛石机。据考证，抛石机发明于周代时期，然而飞石的历史似乎更为久远，只是当时的飞石也就是石弹是手动抛掷的，并没有器械加以抛运。

抛石机一经问世，就成了诸侯国争相制造的重型武器。

到了三国时期，各方割据势力都在研发抛石机，希望在战场上运用它的力量夺取胜利。当时，人们将抛石机称作"霹雳车"，形容它如闪电、霹雳般不可阻挡的威力。

在曹操与袁绍军队间爆发的官渡之战中，曹操的战队中出现了一架霹雳车，它能够在不同方位向敌人抛射石块，袁绍队伍的战车、士兵都遭到了它的袭击，结果袁军惨败。

不过，那时的抛石机有很多的缺点，最主要的当属无法自如移动，人们必须先将它固定在地面，才能让它发挥效用。之后工匠们对它进行了改良，去除了下方的底座，安上了更便于调整方位的轱辘，这样之前的种种不便才被消除。

在解决了无法向前进或向后退的缺点之后，人们又开始意识到，抛石机一旦固定下来，就很难再改换发射方位，仍然不适于灵活作战。之后，在工匠们的辛勤探索下，这个缺点也迎刃而解了。他们研制出新型抛石机，使之成为能够横向自由旋转的抛车，并被命名为“旋风炮”。

到了南北朝时期，抛石机技术又有了新的发展，类似航空母舰般的运载模式出现在人们的视野中，能够装载抛石机的战车被称为“拍车”，而将抛石机安载于船只上的则被称为“拍船”。在隋朝晚期，统治者高度重视军队器械的制造研发，曾在某次重大战役之前，一次性制造了三百架抛车，叫作“将军炮”。

由于抛石机的应用历史非常久，在不断地改良中，它也得到了提升和进步，特别是在瞄准上。

以往使用抛石机时，虽然已经安载了可调换瞄准方向的装置，但仍然操作繁复，浪费了许多人力、物力。在宋代之前，专门有一位“定炮人”负责观测射程，另有几位炮手负责发射的时机，并随着目标里程的变化，设置相应的方位角与炮梢。

当定炮人测定的目标射程较远时，拽炮的炮手人数就需要相应地增加，如若射程较近时，炮手的人数就会对应地减少。当目标设立在较高处，炮手们就需要在炮的前端垫底，如若目标位于低处，则会垫高炮的后脚跟。

抛石机上的拉绳，决定着石弹的发射时间，只要上级一声令下，拽炮人便会瞬时拽下拉绳，抛石机后部弹巢内的石弹便会冲出机器，投向敌方。

根据石弹的着陆点，定炮人会适时进行目标修正，指示更为接近的射程和方向，直到正中敌方。虽然在现代看来，此种操作方式不但费时费力，而且效率也不高，但在当时人眼中，这便是最值得推广的方法了。

当然，抛石机的缺点也显而易见：第一，过于突出自己的方位，极易被敌方发现并遭到攻击。第二，不仅对于攻克的一方有诸多劣势，对于防守的一方也极为不利。

为了改善上述不利的缺点，我国古代著名的炮兵专家陈规，在1126年的德安守备战时，发明了战炮间接瞄准法。这项方法，巧妙地隐藏了抛石机庞大的外形，将它放置在城墙里端，只留一个炮眼供发射炮弹。每座炮的专门“定炮人”立于楼顶，对城内拽炮人施以口令。

陈规所发明的间接瞄准法，不仅在中国兵学上闻名遐迩，在世界炮兵史上也占据着重要的地位。在这一技巧的发明上，古代中国人比西方人提前了八百年左右。

从明代开始，抛石机的功用被逐渐替代，火器成为战场的主攻手，再也不需要庞大的抛石机投掷弹类。到了清代，火炮的功用得到大大提升，抛石机彻底被历史所抛弃。

宋元火器

火器的研发阶段处于北宋到南宋约三百年的时间中，当时火器还没有被广泛应用。虽说在当时的战场上，已然能够看到火器的出现，但那只是小规模的范畴而已，对于掌握它的一小部分人来说，火器便是最大的优势。

在当时，冷兵器依旧占据着主导地位，是装备兵团当仁不让的主要选择。即使在宋朝，北宋和南宋之间使用火器的差距也是极大的，在北宋时期火器的杀伤力并不算强大，而在南宋时期，铁火炮、火枪等大型火器已经能够发挥出极大的威慑力。

不过，南宋使用的火器仍然有它的缺点存在。除了极少武器需要士兵们用手投掷以外，大多数武器还是需要弓弩等冷兵器的辅助，否则仍然不能发挥效用。即便是盛极一时的飞火枪，也不能离开矛枪的帮衬。

公元 970 年至公元 1002 年，宋朝主要将领冯继升、唐福、石普等人，曾以各类燃烧性火器作为献礼向当朝皇帝进奉。

公元 1126 年，宋朝宰相李纲率领着千军万马，利用具有强大杀伤性的火器，击退了侵扰汴京的金国军队。自那场战争后，金军也开始效仿宋朝，研发使用了大量火器，之后在武器装备相同的情况下攻克了汴京。

北宋时期盛行的火器装备，它们的制造方法和火药配方都在《武经总要》中有所记载，共有三类配方被记录在其中，成为人类武器史上最早为火药配方记录。

正是因为北宋的火器作坊形成专业性的规模，才使得宋朝军队在战场上成为一支武器水平遥遥领先的军队。当时，在首都汴京内就有火器作坊，那里的工人几乎达到了五千余人，除了核心的统领全局的大作坊之外，下面还分布有十家分支作坊。

只要属地需要火器，就会从汴京火器作坊内调去大量设备。例如，河州驻地需要各类火药、炮箭，便会告知汴京，他们会在第一时间向河州发送所需武器。

到了南宋，由于火药的黄金时代的来临，南宋的对手金也学会了制造使用火器的方法，两方各自不相让，一时争持不下谁也吃不定谁。“铁火炮”便是两军同时拥有的大型火器，它的外形用铁壳制成，威慑力相比从前有了大幅度的提高。

金在和南宋对抗时期，对于火器的制造也绝不输于宋朝。据史料记载，公元 1221 年，金军就在攻陷蕲州时，亮出了厚度达到二寸的铁火炮。

公元 1232 年，蒙古铁骑来到中原腹地，准备攻打金国。据古籍中记载，蒙古士兵用特制的“牛皮洞子”作为遮挡物，在下面藏入数十名士兵掘地挖土，打算掘出一条通往城内的地下通道。但令人遗憾的是，金军利用火器大炮没费多少时间就将牛皮洞子给破坏了。

蒙古骑兵的崛起，掀起了一大波战事风潮。元朝建立之后，祖国大江南北统一在一起。如果说南宋让火炮的威力上升了一个台阶的话，元朝则将火器推广至更为遥远的地域。

火器的盛行是前代人始料不及的，以往的青铜兵器、铁兵器和抛石机等武器都失去了效用，白铁火炮、火枪等武器代替了它们昔日的主导地位。无论是哪一支部队，在见识过火器的强大威力之后，都将它设为制造研发的重要对象。

一时间，火器库便成了城市的重要设施，甚至是一个国家军事的核心所在。如果说北宋的火器作坊开创了先例，那么南宋的火器制造库则称得上是规模最大的兵库。在当时的湖北江陵，作为武器开发的重镇，每月从那里运往全国各地的火炮就多达数千尊。而在建康，每隔几年，那里的火器作坊就可以增添六万余件不同种类的火器。

元朝时期，政府向全国各地发起了征召能工巧匠的号令，世间能人都被他们请到大都，进行火器的研发制造。虽说火器的普及程度还不及冷兵器，但在当时，火器已然崭露头角，即将成为战场的主角。

管形火铳

作为我国古代管形火器的第一代，火铳具有特殊的地位，它的诞生使得火器的发展进入了新的纪元。在有些史料中，火铳又被称为火筒，在管中放入不同弹类，都能被射向目的地。据史实证明，火铳发明于元朝，明朝时期也得到了进一步的发展。

火器时代自火铳的问世起，便上升到一个新的台阶，火器的威力也被大大地提升。明代初期，对于火铳的研发投入更大，同时得到的回报也日渐增多，许多新型武器接连出现在武器库中，一时成为人们口耳相传的事物。

元朝军队大部分都备有火器，随着都城内火器作坊规模不断扩大，也使得人们对于火器的看法发生了变化。战场上士兵们利用火器的威力，震慑敌方军队的同时，也让战场的作战行动发生了不同以往的变化。可以说，火器开创了新的战争形态。

因为史料中缺乏对于火铳的制造记录，所以难以确定发明火铳源自哪一年。不过，能够证实的是，到了南宋末期，军队已经开始用大竹筒将石弹射向敌军，而射出的动力来自于火药，那时的火药已经被开发利用。

另外，在南宋，铜铁管铸造技艺已经被研发完成，在元朝，这项技术成为金属管制发射火器的理论基础。

元代在前朝武器技术水平的基础上，继往开来，承前启后，制造出了在兵器业独一无二的新型武器。许多巧匠都被聚集在首都大都，为武器制造业出谋划策。不久，元代又专门设立了武器管理机构，被称为武备监。

中国武器史上出土的第一件火铳来自元代，上面还刻有铭文，如今被收藏在中国历史博物馆。由于火铳制造工艺优良，选用上好的青铜铸造而成，内里可承受巨大的膛压，所以作战时里面能容纳许多弹丸，使得作战能力得到了大幅度的提高。即便长年累月地使用火铳，它的效果仍然会一如往常。

有关火铳最准确的信息来源于《元史 · 达礼麻识理传》，书中记载了元朝作战时运用大量火铳的史实。元朝末期，统治阶级和农民阶级的矛盾不断升级，爆发起义的活动越发广泛，不论在官军或是起义军当中，都能够看到火铳已被普遍应用的状况。

到了明代，火器的研发不仅局限在简单的火铳内，而是趋向更具杀伤力的铁炮制造。如今，能够作为明朝铁炮代表的古炮，制造于洪武年间，现在被收藏于山西省博物馆。它由三口大铁炮组成，外观成筒形，不论是规模形制或是重量上都远远超越了前朝的火炮。

明成祖朱棣发动政变夺位成功后，更加重视武器制造业，开始着手建造更为专业的武器制造库，从而实现了火铳多样化的形式和高质量的装备，让它的威力得到了进一步的提高。

明朝火铳的发展达到了前所未有的高度，当时的统治者规定，每个地方的驻军都要按照士兵比例配给火铳等装备。在边疆地区和关隘，明朝都给士兵分发了火铳，以便于更好地保卫边境。

明代之所以能够成为火器盛行的巅峰年代，源于当时出现了专用于组建火铳部队的神机营，那是我国历史上最初全面实行火器的兵种。

但是火铳并非完美无缺，它也有很多不完善之处。作为兵器，它的发射状况仍然不够理想，冷兵器依旧占主导地位。

佛郎机和红夷炮

当资本主义国家葡萄牙的航船来到明朝广东海岸时，明朝对即将发生的一切毫无预警，对于明朝人来说，他们只是“佛郎机”。

实际上这一称呼，来自于印度英语的影响，由于日耳曼人曾经强盛一时，建造过不可一世的法兰克王朝，所以印度人就称呼他们为“佛郎机”，于是明代人也用这一称号称呼葡萄牙人。

谁也没有料到，“佛郎机”并非单纯到广东沿海观光游览，而是心怀不轨，想要霸占明朝沿海城市，他们派遣了五艘军舰堵住了珠江口。

明朝政府知道实情后，下令派出最精锐的部队严防广东沿岸，誓死保卫领土。葡萄牙军舰随即向明朝船只发射火炮，打算先发制人，但他们的军舰登陆后，由于不熟悉当地地理环境，遭本土卫兵重创。

这场以明朝胜利为结局的战事中，通过与葡萄牙军作战，明朝军队也收获了西方先进武器的情况，了解到他们的火炮进展到何种程度，并将收缴的葡军火炮命名为“佛郎机”。

面对西方的先进炮火，明朝官吏上书皇帝请求依样仿制，造出完全相同的武器，提升当朝的军事装备水平，明世宗听后欣然答应了官员的建议。

于是，皇帝委派何儒担此重任，在富饶的南京集聚各路能工巧匠研究佛郎机，为仿制出佛郎机而互相切磋、探讨。何儒不仅担当过广东巡检，还多次与葡萄牙使节有过联络，所以派他率领工匠队伍当之无愧。

在嘉靖三年（公元1524年）4月，南京火器制造处终于研发出来首批三十二门佛郎机仿制品。从此，中国和西方国度有了更进一步的靠近，在军事武器上，同样具备了相同的一件武器，那就是佛郎机。虽然现在我们无法看到出土的真实佛郎机，但是我们可以通过典籍了解它的形制。

根据明朝所著《大明会典·火器》中的记录，在嘉靖三年打造的这三十二门火炮，每一件重达三百斤，其外壳亦全部属于黄铜质地，从外形看来可以说十分的粗壮。不仅如此，在结构上，这些佛郎机分为母铳和四个子铳，填加火药的管道各不相同，可以依序发射炮弹。

如果与当时明代自创的火炮进行比较的话，葡萄牙的佛郎机还是具备了一定的先进性。

首先，相比于中国火器，佛郎机的结构优越，母铳和子铳配合良好。

在战事紧急时，由于另外备有四个子铳，可以确保连续发射，并能够节省不少多余的填弹时间。装入弹药的炮筒，也就是母铳，它的长度达到了五至六尺。能够填入母铳的小火铳被称为子铳，子铳可临时备用多个，里面装入弹药之后在现场替换使用。

使用母铳和子铳时，首先将子铳填入母铳宽大的炮筒内，之后使用母铳强大的发射力将子铳内的弹药弹出，最后母铳内仅剩下空子铳，随行士兵再换上早已备好的装满弹药的子铳即可。

其次，佛郎机母铳内填装子铳的空间较大。正因如此，佛郎机内安置子铳时，不会遇到母铳空间狭小或是入口紧塞的状况，有利于士兵快速换装子铳，具有提升效率的作用。

最后，建造佛郎机的机械师一定考虑到了它的使用期限，所以专门将它的管制外形铸造得厚实无比，让佛郎机具备了相当高的承压力，同时也让弹药的安全性能得到了提高。

红夷炮也是明代仿照西方制造的武器之一，它诞生于明朝中期，是和佛郎机规模相似的火炮类型。红夷炮的原产地位于荷兰，在明神宗统治时期传入中国。

《明史·兵志》中对红夷炮的形制记载道："大西洋船至，复得巨炮，曰红夷。长二丈余，重者三千斤，能洞裂石城，震数十里。"

若将两种西洋兵器进行比较，佛郎机固然比中国火炮更具有先进性，但如果和红夷炮排列在一起，佛郎机的承压力明显下降许多，而且红夷炮的铜铸管形更加厚实，威慑力也自然较其他火炮更强大。

在金军不断入侵明朝边境时，当时的皇帝曾经下令重制红夷炮，担此重任的官员有李之藻、徐光启等朝廷重臣。于是在明朝末期，部队中刮起了一阵制造红夷炮的风潮。

就在红夷炮大量制造出来后，大将袁崇焕利用它的威力，击退了后金部队的侵袭，让大汗努尔哈赤遭受重创。

中西融合的火炮，更富有先进性和威慑力，有足够的火力。明朝时期的火炮，正是在源源不断地西方技术的传入下，才得以快速发展，达到火炮技术的最高峰。在《练兵实纪杂集》的记载中，著名将领戚继光曾在军队中安装有几百门佛郎机，并在各大战役中发挥出它的效用。

明朝时期，佛郎机与红夷炮的出现，让国家军事实力更加强盛，保卫边疆的能力也较从前更为强大。

抬枪和鸟枪

抬枪诞生于清朝时期，属于重型火器的一类。操作抬枪，非一人之力可以胜任，必须由两人同时操作，才能发射成功，先有一人在前方俯身担当枪架，另一人则站立后方，向目标进行发射。此类抬枪自问世以来，就受到了清朝军方的欢迎。

乾隆统治末期，国家日益衰落，政治逐渐腐败，劳苦大众肩上的担子越加沉重，从而形成了日渐严峻的阶级矛盾，起义运动此起彼伏，清朝政权危在旦夕。

当时，以白莲教为代表的起义军采用流动作战的战术，同清朝官军战斗在崇山峻岭或崎岖的陆地上，正是因为身处这种环境，所以兵器落后的农民部队才能够占据上风，反倒是武器装备精良的官军难以在此处施展拳脚，抬枪便在此时受到了重用。

之后的一个世纪里，清朝部队在镇压太平天国起义或是反击外来军队入侵时，都使用了抬枪。

17 世纪初，火绳枪的一种新类型——鸟枪正式问世。它的形制虽然与抬枪相类似，但枪管却被设置为没有膛线的形态，且随着体形的缩小，装载的药量也相对变少。

明朝军队的武器库中已经有了鸟枪，当时又被称作鸟铳。公元 1548 年左右，双屿被葡萄牙的军队和日本海盗占领，为了夺回固有领土，明军向双屿发起了进攻，在成功收回双屿的同时，还虏获了大批日本鸟枪。

明朝派遣马宪、李槐二人向日本俘虏学习如何制造鸟枪及其运作的原理，并在已有兵器的基础上研发出更为精良的设备。

终于，在公元 1558 年，我国古代首批新型火绳枪问世，被命名为“鸟嘴铳”。当时生产了一万支左右，被形容为“比西番尤为精绝”的武器。

如果将当时的中国同西欧进行比较，我们可以发现，在欧洲，火绳枪早已遭到了历史的淘汰，甚至在“鸟嘴铳”被发明的 1558 年，欧洲已经放弃使用火绳枪长达十年之久，转轮打火枪才是他们当时的先进武器。

所以，当时中国的军事装备与西方相比存在着巨大差距。

明代发明的火绳枪和它的制造工艺被后人一直沿用至清朝，仍然没有发生质的改变或进步，甚至在民国早期依然活跃在历史舞台。

明朝晚期，毕懋康创造的转轮打火枪横空出世，给当时的军备注入了新鲜的血液，然而造化弄人，虽然转轮打火枪在清代被官方正式应用，但却仅限于宫廷游玩之用，让人深感遗憾与无奈。因此，当时清朝部队的武器装备仍旧沿袭着老一辈的旧物，并没有改善多少，等到外国联军入侵时，甚至有军队举着刀枪棍棒参战抗敌。

鸟枪在明朝的普及程度，与青铜兵器在秦朝时期的普及程度是一样的，转轮打火枪并没能在军队设备中占据一席之地。据史料记载，戚继光军队鸟枪的普及度已然达到全营的六分之一以上。尤其在步兵营的配给率达到了二分之一，是在众多军营中名列前茅的一类。

等到了清代，朝廷明确下达指令，要求每个兵营中带有鸟枪的军队需在百分之五十左右，也就是说每两名士兵间要有一人携带鸟枪。

由于清朝的皇亲贵族们依旧重视骑射，所以先进的兵器仍然没有使用空间，鸟枪和箭术还占据着重要地位。其实，在当时有许多优秀杰出的武器问世，但都被埋藏在角落，任凭尘埃累积，没能及时发挥应有的作用。

正是由于清朝政府一叶障目，守旧抑新，才导致他们无法正确认清自身的问题所在，例如在武器方面，不懂得推动新技能的发展，一味地坚持传统技艺，最后导致鸦片战争的失败，签订了一系列丧权辱国的条约。